AF135660

Universum der Angst!

ISBN 978-3-7322-3259-8

Wichtiger Hinweis für den Leser:

Ich habe alle Sorgfalt walten lassen, um vollständige und akkurate Informationen in diesem Buch zu publizieren. Ich übernehme weder Garantie noch juristische Verantwortung oder irgendeine Haftung für die Nutzung dieser Informationen, für deren Wirtschaftlichkeit oder fehlerfreie Funktion für einen bestimmten Zweck. Das Lesen erfolgt auf eigene Gefahr. Ich hafte ebenso nicht für psychische Schäden oder Konsequenzen durch weltanschauliche oder religiöse Erschütterungen.
Da keine wirklichen Namen und Orte erwähnt oder genannt wurden, kann es auch keine rechtlichen Schritte derer geben, die sich in einigen und wahren Geschichten wieder erkannt haben. Ähnlichkeiten wären rein zufällig und sind rechtlich ausgeschlossen.
Das Titelfoto wurde für dieses Buch zu meinen Zwecken verändert. Jede Verwendung ohne Zustimmung des Urheberrechts, welches beim Autor liegt, ist unzulässig und strafbar. Das gilt insbesondere für Vervielfältigung, Mikroverfilmungen und die Einspeicherung und Verarbeitung in elektronischen Systemen.

1. Auflage 2013

Das Werk ist urheberrechtlich geschützt.

Umschlag und Grafik: Mikel Marz

Bibliographische Informationen der deutschen Nationalbibliothek
Die Deutsche Nationalbibliothek verzeichnet diese Publikation in der deutschen Nationalbibliografie; detaillierte bibliografische Angaben sind im Internet über http://dnb.dn-b.de abrufbar.

© 2013
Herstellung und Verlag:
BoD - Books on Demand, Norderstedt

© Alle Rechte, insbesondere das Recht der Vervielfältigung und Verbreitung sowie der Übersetzung vorbehalten. Kein Teil des Werkes darf in irgendeiner Form (durch Fotokopie, Mikrofilm oder ein anderes Verfahren) ohne schriftliche Genehmigung des Autors reproduziert oder unter Verwendung elektronischer Systeme verarbeitet werden.

2013 Mikel Marz.

Liebe Leser,

als psychologischer Berater, Motivations- und Personalcoach, sowie Buchautor, beschäftige ich mich seit Jahren mit den Themen Depression, Mobbing, Burnout und den damit oftmals verbundenen Suizidgedanken.

Gerade Ursachen und Krankheiten, die viel mit der Psyche eines Menschen zu tun haben, werden leider heutzutage noch immer in unserer Gesellschaft sehr geheim gehalten und nach Möglichkeit, oftmals aus Scham, sogar totgeschwiegen.

Ein großer Fehler, denn eine Krankheit wird immer eine Krankheit bleiben und niemand sucht sich aus, an was er letztendlich erkrankt, nicht selten aber auch, wie schwer! Dabei machen auch psychische Krankheiten vor keiner Person halt und längst geht es nicht mehr darum, ob die betreffende Person dann stark, schwach, klein, groß, jung, alt, arm oder reich ist.

Laut einer Studie sind allein in Deutschland ca. 9,1% der Bevölkerung an psychischen Krankheiten erkrankt oder leiden darunter und die Dunkelziffer ist erschreckend hoch.

Wir machen uns leider viel zu häufig mehr Gedanken über das, was sein könnte, als das, was wirklich gerade ist und verlieren damit die Kontrolle über unsere Gesundheit und nicht selten leider auch über unser eigenes Leben.

Ich stehe inzwischen seit vielen Jahren etlichen Menschen und Schicksalen hilfreich zur Seite und habe mich aus diesem Grund auch ganz bewusst dem Thema Angst gewidmet.
Auch dieses Buch soll mit viel Erfahrungen und einigen Erlebnissen aufzeigen, wie man schneller und vor allem besser, sowie effektiver seine Angst loslassen kann.

Weitere Informationen finden Sie auch auf meiner Seite:
www.mikelmarz.de

Ich wünsche Ihnen eine gute, gesunde und starke Zeit!
Herzlichst Ihr

Mikel Marz

Universum der Angst!

Angst!

Um es von vornherein gleich auf den Punkt zu bringen,
ANGST ist nicht gleich Angst und wird von jedem
Menschen anders gefühlt und erlebt.

Manche Menschen haben leider sogar schon eine Angst
vor der Angst entwickelt, die sie nicht mehr frei und
ungezwungen leben lässt.

Ich habe viel zu dem Thema Angst gesehen, erfahren,
gelesen und will in diesem Buch ganz sicherlich nicht auf
frühere Leben eingehen und was alles die Auslöser sein
konnten und könnten. Nein, ich will Ihnen bewusst
helfen, Ihre Angst loszulassen, allerdings müssen auch
Sie das selbst wirklich wollen, denn nur dann ist es auch
realistisch, dass Sie Ihre Angst verlieren.

Nicht das Wissen aus diesem Buch kann Ihre Angst
verschwinden lassen, sondern Ihre innere Einstellung und
die Bereitschaft, dieses Wissen dann auch für sich
umzusetzen! Sie müssen Ihre Angst zulassen und sich
dann mit ihr ausreichend beschäftigen, um ihr gestärkt
entgegenzutreten.

Angst gab es schon immer und ein altes chinesisches
Sprichwort sagt:
„Die Menschen leben höchstens hundert Jahre, sie
machen sich aber Sorgen, als hätten sie mehr als tausend
Jahre zu leben."

Mit seinen Sorgen, Kummer, Belastungen und Ängsten fertig zu werden, ist einfach dringend notwendig, damit wir das Leben genießen und leben können. Dafür müssen wir etwas tun und uns Ziele bilden, die wir erreichen wollen! Aus Erfahrung wissen wir, dass blockierte Räder nicht lenken können und so ist es auch mit unserem eigenen Wohlbefinden, denn was uns innerlich blockiert, lässt uns nicht unbeschwert leben. Im Gegenteil, es nimmt uns wertvolle Lebensqualität und kann sehr viel zerstören.

Unser Inneres muss Gesund sein, was bedeutet, dass wir uns ohne körperliches, seelisches und soziales Leid im Leben bewegen und an bestimmten Dingen, Aufgaben und auch Erfahrungen wachsen.

Es nützt uns auch überhaupt nichts, wenn wir versuchen wollen, Ängste mit Alkohol oder anderen Drogen zu bekämpfen, denn das wird niemals funktionieren. Im Gegenteil, wir richten damit noch viel mehr Schaden an.

Ängste, gerade wenn wir sie immer stärker in unser Leben lassen und uns in sie förmlich hinein steigern, können auch Leben zerstören. Wir werden reizbar und nervös und sind irgendwann mit den Nerven völlig am Ende.
Angst kann man nicht bekämpfen, denn damit werden Ängste nur im wesentlichen verstärkt. Ein Kampf heißt, sich mit einem Gegner anzulegen, wo wir immer damit rechnen müssen, dass wir der Unterlegene sein werden. Viel mehr gilt es, für die jeweilige Angst ein Vertrauen zu entwickeln, was ich in diesem Buch noch eingehend beschreiben werde.

Es gibt vielerlei Ängste, die uns wichtige, wertvolle Lebensqualitäten nehmen und es gibt natürliche Ängste, die wir sogar für unseren Schutzmechanismus auch benötigen. Wie wir letztendlich aber mit Ängsten leben und umgehen, dass ist individuell von Mensch zu Mensch verschieden und hängt sehr viel von unserem jeweiligen Denken und Fühlen ab.

Manchmal kann es schon reichen, dass wir morgens das Haus verlassen haben und plötzlich von einer großen Angst überfallen werden, ob wir zum Beispiel die Kaffeemaschine ausgemacht haben. Teilweise wird diese Angst dann so panisch, dass wir nach Hause fahren, um nachzuschauen und in den meisten Fällen war diese dann auch ausgeschaltet. Allerdings hätte uns die Angst nicht mehr normal weitermachen lassen und wir wären mit unseren Gedanken ständig bei diesem Gerät gewesen. Doch was noch viel schlimmer ist, wir hätten uns schon im Kopf ausgemalt, was alles hätte passieren können. Gedanken, die uns dann zermürbt hätten.

Oder kennen Sie auch diesen bestimmten Griff an eine Stelle oder in eine Tasche, ob das Portemonnaie oder das Handy auch noch wirklich da sind?
Ein Adrenalinschub, der uns deutlich macht, wie schlimm und intensiv eine Angst werden kann.

Angst ist ein Grundgefühl, was sich als lebensrettend, aber auch sehr bedrohlich in einzelnen Situationen zeigen kann. Eine Situation, die uns dann nicht selten dazu veranlasst, sich noch mehr in Ängste hineinzusteigern, so sehr, dass nicht selten Panikattacken entstehen oder Ängste chronisch werden können.

Viele Menschen leiden sehr stark und schon so lange unter ihren Ängsten, dass sie an eine Heilung gar nicht mehr glauben können oder wollen. Dabei sind die Auslöser für diese starken Gefühle sehr vielseitig und es hängt insgesamt bei jedem Betroffenen auch davon ab, wie stark das Selbstwertgefühl, die Selbstachtung und vor allem das körperliche Wohlbe- oder empfinden vorhanden oder geschützt ist.

Viele Menschen haben nur deshalb Angst, weil sie es sich nie getraut haben, der eigentlichen Ursache entgegen zu treten und sich der Angst zu stellen. Dazu gibt es ein gutes Beispiel, nämlich die Angst vor dem Tod.

Wer mit sich selbst im Reinen ist und sich dazu noch mit sich selbst beschäftigen kann, der kann sich auch diesem Thema bewusst annehmen.

Menschen, die zum Beispiel schon mal reanimiert worden sind, haben den Tod schon vor Augen gesehen und keine Angst mehr davor. Im Gegenteil, sehr oft haben diese Menschen dann eine ganz andere Beziehung zum Leben entwickelt und leben es viel intensiver.

Wer sich im Buddhismus auskennt, der weiß, dass diese Menschen überhaupt keine Angst vor dem Tod haben und auch Depressionen kennen sie nicht. Vielleicht mit ein Grund, warum auch diese Glaubensrichtung immer mehr Anhänger bekommt.

Jeder Mensch verspürt in seinem Leben Ängste, bewusst oder unbewusst, die sich sogar zu Phobien entwickeln können.

ANGST ist eben nicht gleich Angst und ich behaupte jetzt an dieser Stelle, wer etwas gegen seine unliebsamen Ängste machen möchte, das WIRKLICH will, der hat auch eine sehr gute Chance, sie besiegen zu können!

Sie finden diese Aussage gewagt?

Ich nicht, weil ich seit Jahren mit Betroffenen arbeite und mir anmaße zu sagen, das Gesamtergebnis zu kennen. Dazu kommt auch, dass vieles durch die Quantenphysik bestätigt ist, die leider aber noch immer sehr viele Kritiker hat. Trotzdem ist dennoch zu erkennen, dass immer mehr Ärzte sich dieser bedienen, was sicherlich nicht verkehrt ist.

Letztendlich geht es aber um den Mensch und meiner Meinung nach, sollte nicht alles über Pharmakonzerne geregelt werden, wenn es um die ehrliche Gesundheit bei Menschen geht.

Doch lassen Sie mich bitte erst einmal einige der wohl bekanntesten Ängste aufzählen, auch wenn ich sicher weiß, es gehören noch sehr viele mehr dazu.

- Ängste vor Tieren, (Spinnen, Mäuse, Schlangen, etc.)
- Prüfungsangst
- Platzangst
- Flugangst
- Höhenangst
- Bindungsangst
- Angst vor dem Autofahren

- Angst vor Menschen und Stalking
- Angst vor Nähe
- Angst vor Einsamkeit (aber auch Zweisamkeit)
- Angst vor der ANGST
- Angst vor dem Zahnarzt
- Phantasierte Ängste
- Versagensangst
- Angst vor Kriegen
- Angst vor der Sinnlosigkeit des Lebens
- Angst vor Ablehnung

Alles Ängste, die durch unser Denken ausgelöst werden, die durch unsere Gedanken Kraft bekommen und die in uns dann viel bewirken können.

Gleichzeitig möchte ich Ihnen dazu an dieser Stelle auch schon einige bekannte körperliche Reaktionen aufzählen, die bei vielen Betroffenen in einer Angstsituation aufgetreten sind oder auftreten können.
Mir ist auch hier natürlich bewusst, dass es noch etliche mehr sind oder sein können.

- erhöhte Nervosität
- verstärkte Aufmerksamkeit
- erweiterte Pupillen
- nicht selten schmerzhafte Muskelanspannungen
- erhöhter Blutdruck
- Atmungsprobleme bis hin zur Atemnot
- starkes Schwitzen
- Magen- Darmprobleme
- Blasenschwäche
- Übelkeit
- Panikattacken

Reaktionen, die nicht nur belastend sind, sondern sogar noch eine Angst steigern können, weil wir eben diese Bestätigungen emotional erleben und spüren.

Ich habe mal vier besondere Angstformen ausgewählt, die ich Ihnen vorab schon einmal vorstellen möchte.

Die Realangst:

Wie der Name schon aussagt, ist es die reale Angst, die sich bei Bedrohungen und / oder Gefahrensituationen in uns breit macht und völlig natürlich ist, denn diese Angst soll uns warnen und schützen. Sie sendet uns intensive Signale, auf die wir dann angemessen reagieren können und sollen.
Gleichzeitig ist es auch eine Lebensangst, die besonders häufig dann zum Vorschein kommt, wenn wir zum Beispiel schwere Krankheiten durchleben müssen.

Auch bei der Real- oder Lebensangst kommt es sehr stark darauf an, wie unsere psychische Verfassung ist und wie wir selbst aufgestellt sind.
Je stärker wir diesen ganzen Ängsten realistisch und vertrauensvoll entgegen treten können, umso geringer laufen wir der Gefahr, eine zu hohe oder große Intensität zu dem eigentlichen Bezug des Angstzustandes zu entwickeln, der ansonsten natürlich auch zu einem immensen selbstschädigendem Verhalten führen kann.

Es sind die Gedanken, die entweder unsere Angst noch schüren oder aber uns enorm beruhigen können.
Sicherlich haben Sie schon sehr oft zu hören bekommen, dass Sie auf Ihre Gedanken achten sollen, denn die Saat

Ihrer Gedanken kann dann auch Ihre Ernte sein und werden.

Um es Ihnen, wie gewohnt, etwas zu verdeutlichen, möchte ich Ihnen eine der größten Ängste bei vielen Menschen aufzählen, nämlich der meist ungeliebte Gang zum Zahnarzt.

Ich selbst kenne diese Angst nur zu gut, wobei ich jetzt auch eher schreiben darf, ich kannte diese Angst sehr gut, denn ich habe für mich Wege gefunden, diese Angst auf ein Minimum einzuschränken.
Natürlich will ich nicht abstreiten, dass es immer wieder ein sehr beklemmendes Gefühl ist, wenn man dann auf diesem Stuhl liegt und der Zahnarzt loslegt, aber es macht schon viel aus, wie gut und vertrauensvoll er dann auch loslegt und vor allem, wie gut ich mich dabei fühle, denn ich selbst habe mir diesen Zahnarzt ausgesucht.

Gerade wenn es um diese Berufssorte geht, haben wir etliche Möglichkeiten, uns entsprechende Empfehlungen geben zu lassen und es hilft auch sehr, wenn wir dann diesem Arzt signalisieren, dass wir eben Angstpatienten sind. Ein guter Zahnarzt, wird darauf sicherlich gesondert eingehen und uns ein eigenes Gefühl von Sicherheit geben.

So oder so, spätestens wenn wir Beschwerden haben oder sich ein tiefer Schmerz breit gemacht hat, müssen wir halt einen Zahnarzt aufsuchen und die Krankenkassen fordern es ja nun mal auch, dass man zumindest einmal im Jahr eine Kontrolluntersuchung über sich ergehen lassen sollte.

Also habe ich irgendwann mal damit angefangen, mich schlau zu machen, welcher Zahnarzt in meiner Nähe einen sehr guten Ruf hat und wo Patienten sogar sehr gerne hingehen.

Danach habe ich mich dann ganz offen geoutet und erklärt, dass ich halt ein Angstpatient wäre und ab da, habe ich für mich die wahre Qualität eines Zahnarztes entdeckt, denn es wurde ein sehr großes Verständnis für mich aufgebracht und jeder Schritt wurde mir sorgfältig und mit Ruhe erklärt.

Etwas, was für mich sehr wichtig war und mir zunehmend die Angst genommen hat. Heute gehe ich gerne zu diesen Kontrolluntersuchungen und weiß, dass diese Angst bei weitem nicht mehr so schlimm ist, wie damals, ganz einfach deshalb, weil man inzwischen dem Arzt vertrauen kann.

Der weitere Punkt ist das Ergebnis, was wir uns bewusst vor Augen führen müssen, denn die Beschwerden werden uns genommen, auch wenn wir dafür manchmal extrem leiden müssen. Ein Beispiel dafür ist auch die bekannte Wurzelbehandlung, die wohl fast immer schmerzhaft ist. Wenn wir uns aber auch hier langfristig dann mal das Ergebnis genauer anschauen, war es die Anstrengung wert, auch wenn wir das in der Zeit der Behandlung gar nicht sehen oder wahrhaben wollen.

Wenn wir diese Informationen in unserem Kopf erst einmal aufgenommen haben, wirkt sich das sehr beruhigend auf unseren inneren Zustand aus und die Angst minimiert sich enorm.

Sie sehen also schon an diesem kleinen Beispiel, wie wichtig unsere Gedanken sind und welch große Rolle sie haben. Wir lassen Ursachen und Probleme durch unser Denken entstehen und diese können dann so übermächtig werden, dass ich eine Angst in mich hereinlasse, die sich von selbst dann nicht mehr verabschiedet.

Befürchtungen werden durch negative Gedanken mit weiteren Befürchtungen versorgt und wir erzeugen eine starke, natürlich negative Emotion. Letztendlich liegt also vieles an Ihren Gedanken und es kommt darauf an, was für ein Angsttyp Sie eigentlich sind.

1) Der Pessimist, der sowieso alles in seinem Leben nur schwarz sieht?

2) Der Drückeberger, der sich vor jeder Angst einfach drücken will?

3) Der Ausreißer, der sich kurz der Angst stellt, dann aber kalte Füße bekommt und ausreisst?

4) Der Manipulierer, der alles so manipuliert, dass die Welt schön bleibt und der äußere Schein gewahrt bleibt?

5) Der Leidende, der mit jeder Angst leidet und alles versteckt, sowie niemals darüber redet?

6) Der Träumer, der sich in die Ängste hinein träumt, bis die Träume zu negativ werden und er dann leidet?

Ängste kann man grundsätzlich nicht verdrängen oder versuchen, vor ihnen wegzulaufen, damit verstärke ich alles nur.

Je mehr ich mir einrede, dass ich mit der Realität oder einem Problem nicht mehr fertig werde, umso mehr steigere ich meine Angst vor der Wirklichkeit und entferne mich immer mehr von ihr.

Wir müssen deshalb immer wieder lernen, jeder Form von Angst entgegen zu treten, damit wir uns das Leben wieder Lebenswert machen.
Jede Form von Angst kostet uns wertvolle Energie, die wir lieber bewusst in unser Leben stecken sollten.

Dazu gibt es ein sehr schönes Zitat von Laotse:

„Du kannst nicht verhindern, dass die Vögel der Sorge über Dein Haupt fliegen. Du hast es aber in der Hand zu verhindern, dass sie auf Deinem Kopf ihre Nester bauen.“

Die neurotische Angst:

Die neurotische Angst ist dagegen eher das Ergebnis der Weigerung, sich unangenehmen Situationen stellen zu können oder zu wollen.

An dieser Stelle führe ich selbstverständlich noch bewusst das „nicht können" mit auf, um später auch darauf direkt einzugehen.
Je schlimmer und umfangreicher eine Vorstellung in unseren Köpfen stattfindet, umso mehr wird natürlich die Neurose durch uns erheblich verstärkt, denn im Grunde genommen, hat sie selbst keine wirkliche Basis, obwohl sie die gleichen Reaktionen des Körpers hervorrufen kann, wie auch zum Beispiel die existenzielle Angst.
Je mehr der Körper mit falschen Vorstellungen versorgt wird, umso schwerer kann man sich selbst davon befreien und wir halten unseren Körper in einer ständigen Alarmbereitschaft, die für uns sicherlich gesundheitlich keineswegs gut und vertretbar ist.

Auch hier ist immer wieder anzumerken, wie wichtig unsere Gedanken sind!

Denke ich negativ oder in Angst, dann schüre ich natürlich alle meine Gedanken in diese eine Richtung und kann nicht erwarten, dass sich dieser Zustand von selbst bessert.
Der Kopf braucht positive Informationen und damit tun sich viele Menschen leider schwer.

Immer wieder taucht dann die Frage auf, woher man sich dieses Input holen soll, wenn man sich doch gerade in solch einer misslichen Lage befindet, die einem Angst macht.

Auch an dieser Stelle möchte ich schon einmal direkt darauf eingehen und Ihnen wieder sagen, SIE allein haben das in der Hand!

Gleiches zieht bekanntlich auch Gleiches an, das ist das Gesetz der Resonanz. Allerdings bestimmt das Stärkere das Schwächere und es liegt an unserem Denken, wem wir mehr Stärke geben, dem Positiven oder halt dem Negativen!

Woher Sie sich diese Informationen holen, entscheiden Sie selbst ganz für sich allein.
Sobald wir es schaffen, unser Bewusstsein mit positiven Informationen und Inhalten zu versorgen, wird sich unser Leben von ganz allein in eine ganz andere Richtung bewegen und da will ich mit Ihnen hin.

Egal ob durch das Internet, durch Gespräche oder durch die Literatur, Informationen bekommen Sie immer vielerlei.
Allerdings sei auch hier schon mal angemerkt, dass der Informationsfluss natürlich immer zwei Seiten hat.
Ich kann zu jedem positiven auch etwas negatives finden und ich kann mich mit Optimisten, aber halt auch mit Pessimisten unterhalten und welche Information ich dann für mich wähle, ist auch wieder entscheidend für meinen Zustand und mein weiteres Denken!

Wer glaubt, sein Verstand sei der Beste und lässt sein Leben davon beherrschen, wird sicherlich Fehler machen, denn der Verstand ist nicht dafür geeignet, unser Leben wirklich zu leiten. Wir müssen manchmal einfach Entscheidungen treffen, die nichts mehr mit unserem Verstand zu tun haben, ganz einfach deshalb, weil unser Intellekt gar nicht alle Informationen hat und kennt. Das macht es sicherlich für alle Menschen schwer, die bisher nur nach ihrem Verstand gelebt haben.

Jeder Betroffene wird natürlich stets seine eigenen Berechtigungen erklären können, denn selbst die Vorstellungskraft kennt dann oft keine Grenzen. Allerdings führt das insgesamt zu sehr vielen Irritationen in unserem Körper, denn unser Bewusstsein und das Unterbewusstsein harmonieren dann auf keinen Fall gut miteinander, was aber sehr wichtig für unser ganzes Wohlbefinden ist.
Die nötige Selbsterkenntnis ist wichtig, denn sie macht uns die wirklichen Ziele deutlich, die wir herausfinden müssen. Was gefällt uns an der momentanen Situation nicht und was wollen wir jetzt sehr schnell verändern, damit wir angstfrei Leben können?

Dafür brauchen wir ausreichend Zeit und Ruhe, denn es ist die Basis dafür, dass wir diese Ziele umsetzen können.

Wir setzen uns häufig in dieser Situation leider die völlig falsche Brille auf und mischen dadurch viele „alte" Erlebnisse aus der Vergangenheit, in das gegenwartliche Problem, wobei das aber mit der eigentlichen Ursache gar nichts zu tun hat.

Viele unschöne, schmerzliche, unangenehme, sowie auch bedrohliche Altlasten, die dann in der jetzigen Lage vollkommen unangebracht sind, sorgen intensiv dafür, dass wir Situationen komplett falsch einstufen oder einschätzen und dadurch einen gewaltigen Teufelskreis entstehen lassen, der uns erheblich belastet.

Es sind Reaktionen des Körpers, wo nicht mehr zwischen echten und unechten Situationen unterschieden werden kann und was sich nicht selten als sehr gefährlich herausstellen kann. Schlimm ist dann nicht selten auch das Ausmaß von diversen Auseinandersetzungen mit anderen Menschen.

Wenn wir Glück haben, kennen oder erkennen sie unseren Zustand und können uns dadurch ein wenig einschätzen.
Sie merken dann auch, dass wir nicht richtig und oft auch unangemessen reagieren und wenden sich dann einfach ab.
Wenn wir allerdings Pech haben, fühlen sich gerade diese Menschen dann aufgrund unseres Verhaltens so sehr missverstanden oder angegriffen, dass es zu aggressiven Situationen, bis hin zu erheblichen Übergriffen kommen und sogar eskalieren kann.

Punkt 1 sollte daher sein, sich der Angst, in der jeweiligen Situation zu stellen und sie außen vor zu lassen, damit sie neben, aber nicht zwischen mir und der Situation steht.

Punkt 2 ist der Schritt, wo wir erkennen müssen, dass meine Vorstellung, sowie ich selbst, die wirkliche

Ursache für die Angst bin und nicht die eigentliche Situation.

Punkt 3 sollten wir lernen, die Neurose zu erkennen, denn damit vereinfachen wir es uns erheblich, verschiedene Situationen einfacher und besser zu bewerten.

Punkt 4 ist der Rat, sich trotz der Angst, den verschiedenen Situationen zu stellen, um dann zu erkennen, dass die Bedrohung oder der Schmerz, den wir befürchtet haben, doch nicht in der erwarteten Form eingetreten ist. Dadurch kann schnell klar werden, dass halt doch keine drohende Gefahr in solch einer Situation versteckt war, was uns dann wieder beruhigt und runter fahren lässt.

Wie gesagt, es sind die Informationen, die ich für mich BEWUSST in mir aufnehme!

Das Bewusstsein ist gleichzeitig Energie und Masse. Kein Messinstrument kann es erfassen oder messen und jeder Mensch nimmt unterschiedliche Art etwas bewusst auf.

Allerdings entscheiden wir selbst, ob wir uns positive, negative und auch reelle Informationen zuführen.

Ich habe bereits jetzt schon einige Male über unser Bewusstsein geschrieben und vielleicht fragt sich nun der ein oder andere, wie man sein Bewusstsein dahingehend besser stärken kann.

Dafür gibt es verschiedene Wege.

1)
Wer auf dem negativen Weg unterwegs ist, der kann
natürlich nur das Schlechte sehen. Neid, Hass, Kummer,
Ärger, Egoismus sind alles Tatsachen, die uns nahezu
immer beschäftigen und an diesem Zustand wird sich
auch nichts ändern, denn Gleiches zieht Gleiches an und
verschlimmert sich noch. Wir holen uns bewusst den
Ärger und die Probleme in unseren Körper und unser
Unterbewusstsein wird sich dann melden und unseren
Körper leiden lassen. Auf welche Art auch immer, denn
das ist wirklich von Mensch zu Mensch verschieden.

2)
Der positive Weg nimmt ganz andere wichtige Dinge auf,
denn er sucht bestrebt nach Glück, Zufriedenheit, Liebe,
Harmonie, Gesundheit und hat zur Folge, dass wir unser
Leben angenehm gestalten wollen. Wir lassen es einfach
nicht zu, dass sich negative Dinge in uns manifestieren
und sorgen mit einer gewissen Ruhe und Entspannung
dafür, dass wir uns die Gedanken und Bilder vor Augen
führen, die unserem Körper ein gutes Wohlbefinden
geben und lassen uns von den positiven Schwingungen
leiten.

3)
Wir können natürlich auch den geistigen Weg wählen
und richten unsere ganze Kraft und innere Einstellung in
eine Glaubensrichtung, wie zum Beispiel an Gott.
Wir tun mit Sinn das, was das Leben von uns verlangt
oder von uns fordert, weil wir Gott vertrauen und wissen,
dass alles von ihm in der göttlichen Ordnung vorgegeben

ist. Wir sind uns zu jeder Zeit bewusst, dass wir alles schlechte loslassen und was wir tun, machen wir auch vollkommen bewusst, denn wir sind auf dem Weg der inneren Erfüllung.

Um dort aber hinzukommen, genügt es sicherlich nicht, dass man nur gläubig ist, sondern auch dafür müssen wir viel tun. Wir müssen erkennen, was Bewusst eigentlich wirklich bedeutet.

∞   Was ich bedacht mache, tue ich also bewusst.
∞   Wenn ich arbeite, mache ich das bewusst.
∞   Wenn ich esse, mache ich das bewusst.
∞   Wenn ich trinke, mache ich das bewusst.
∞   Wenn ich mich ausruhe, mache ich das bewusst.

Wenn Sie ganz ehrlich sind, machen Sie am Tag soviele Dinge, die Sie schon automatisch verrichten, einfach deshalb, weil sie zur Gewohnheit geworden sind. Viele kleine Dinge, in denen sich aber auch unangenehme Fehler eingeschlichen haben können, die Ihnen dann unbewusst schaden können.

Denken Sie mal an dieser Stelle darüber nach, was Sie alles am Tag unbewusst tun und fangen Sie mal mit dem morgendlichen Aufstehen an.

Wann haben Sie sich wirklich das letzte Mal darüber Gedanken gemacht, dass Ihr Körper täglich funktioniert und wann haben Sie es ihm dafür gedankt?

Ich kann auch fragen, haben Sie sich darüber überhaupt schon einmal Gedanken gemacht?

26

Wenn Sie einen Partner haben, wann haben Sie diesem mal gedankt, dafür, dass er an Ihrer Seite ist? Vorausgesetzt, Sie sind darüber noch glücklich ...

Nichts, aber wirklich gar nichts, ist im Leben einfach so selbstverständlich und es ist unsere Aufgabe, uns dieses auch ständig bewusst zu machen.

Wir müssen nämlich mit uns selbst in Einklang kommen und uns bewusst aufstellen. Erst wenn wir das können, wenn wir uns selbst bewusst lieben, wenn wir uns bewusst annehmen, wenn wir bewusst in unserem Handeln sind, wenn wir uns innerlich über uns bewusst sind, dann erkennen wir auch das Leben in seiner ganzen Vielfalt und sind bereit dafür, das Schlechte von dem Guten zu trennen.

Das nennt man dann auch eine innerliche Aufstellung, die Ihnen intensiv auch dazu verhelfen wird, Ihre Ängste zu verlieren.

Die existentielle Angst:

Diese Form der Angst ist in der heutigen Zeit sehr oft verbreitet, denn diese Angst macht uns leider auch unwahrscheinlich emotional zu schaffen.

Wir leben so sehr in der Angst vor morgen, dass wir das eigentliche Leben in der Realität von heute teilweise, wenn nicht sogar komplett verdrängen.
Diese Ängste lähmen uns, sie zerren an unseren Nerven und sorgen leider auch nicht selten zu unüberlegten Kurzschlusshandlungen.

Die Gründe dafür sind sehr vielfältig und auch die folgenden Beispiele sind leider nur ein kleiner Bruchteil davon.

Gerade Krankheiten können ein großer Grund dafür sein, dass wir nicht mehr gesichert nach vorne schauen können oder wollen. Manchmal allein aus dem Grund, weil wir uns mit einer Diagnose oder den Umständen überfordert fühlen.
Allerdings möchte ich auch hier anmerken, auch aus eigener Erfahrung, dass man niemals aufgeben sollte, denn im Leben gibt man einen Brief auf, aber niemals sich selbst!

Selbstverständlich weiß ich, dass gerade Krankheiten etwas sehr belastendes sind und uns wahnsinnig viel abverlangen können. Trotzdem muss ich auch hier an dieser Stelle schon mit erwähnen, dass es im Leben manche Aufgaben gibt, die wir annehmen müssen, ohne dabei den Blick auf das weitere Leben zu verlieren, denn ich habe in der Tat einige Menschen kennen lernen dürfen, die mir trotz ihrer teilweise schwierigen Krankheit noch vermittelt haben, wie glücklich sie im Leben sind.

Viele Menschen haben es uns vorgemacht und haben sich trotz ihrer teilweisen schweren Diagnosen, glücklich nach vorne gestellt und aufgerichtet und ich schreibe hier nicht von irgendwelchen Märchen, wenn ich Ihnen verrate, dass einige dieser Menschen ihre Krankheiten sogar verloren oder besiegt haben.

Erinnern kann ich mich an eine Dame, der man Knoten in der Gebärmutter diagnostizierte und die dringend operiert werden sollte. Diese Dame weigerte sich allerdings, diese Operation durchzuführen und auch, diese Diagnose an sich heran zu lassen.
Sie glaubte an das Leben, sie glaubte an die Liebe und an das Glück, welches ihr zur Seite stand und lebte positiv in allen Dingen einfach weiter nach vorne. Zwei Jahre später ging sie erneut zu einer Kontrolluntersuchung und war von dem Ergebnis weniger überrascht, als der behandelnde Arzt, denn es war überhaupt nichts mehr zu sehen.

Ich gebe zu, es ist sicherlich nicht leicht, sich in einer schweren Zeit, positiv aufzustellen, aber auch ich selbst bin ja der Beweis dafür, dass es funktionieren kann.

Was ich aber noch viel ratsamer finde, ist einfach die Tatsache, dass man eine erste Diagnose noch nicht über-bewerten und immer noch ein oder zwei andere Ärzte konsultieren sollte, denn Arzt ist schließlich nicht gleich

Arzt, auch wenn beide den gleichen Titel haben, so sind die Unterschiede extrem hoch.

Schade finde ich es nämlich auch, dass gerade die Empfehlungen von sogenannten Koryphäen viel zu selten wahrgenommen und in Anspruch genommen werden. Teilweise sind die Gründe nicht nachvollziehbar, denn wenn ich doch etwas wirklich gutes für mich haben will, sollte mir kein Weg zu weit oder zu schwer sein. Doch auch hier gilt wieder die Aussage, jeder ist sich seines Glückes Schmied und wenn man etwas nicht probiert, kann man auch kein Ergebnis bekommen.

Geldsorgen oder wenn man sich bis zum Hals komplett verschuldet hat, schüren natürlich auch sehr oft die Angstgefühle.
Gerade in der heutigen Zeit bekommen wir das sehr häufig mit und leider treibt diese Angst auch Menschen zu Handlungen, die sehr oft nicht nachvollziehbar sind. Vorhandene Schamgefühle erhöhen zusätzlich noch diese Angstgefühle und sorgen dafür, dass man nicht mehr objektiv denken möchte. Dabei haben wir gerade in Deutschland sehr viele Möglichkeiten, sich von Schulden zu befreien, worauf ich aber gleich noch näher eingehen werde, denn dieser Punkt ist doch sehr weit verbreitet.

Zunächst einmal hat man sich selbst leider sehr häufig abgewertet. Daran kann man schon erkennen, wie wichtig für viele das Materielle geworden ist und welchen Stellenwert es in unserem Leben erhalten hat. Viele Menschen haben sich selbst dann schon lange aufgegeben und führen ein Leben, dass sie im Grunde eigentlich nicht leben möchten.

Stattdessen haben sie sich einer Gemeinschaft angepasst und tun alles, was andere nun wünschen und von ihnen verlangen. Ihre Sicherheit machen sie teilweise sogar von anderen Menschen abhängig und glauben anderen mehr, als sich selbst.

Selbstvertrauen ist somit ein absolutes Fremdwort für sie geworden und es setzt ein eigener, manchmal sogar ein sehr ausgeprägter Selbstschutz ein, der in den häufigsten Fällen schon lange nichts mehr mit der eigentlichen Realität zu tun hat.

Die Folgen sind klar, denn gerade in Beziehungen geht man immer mehr auf Distanz und fängt nicht selten an, alles an Kummer und Sorgen in sich hinein zu fressen. Das es dabei natürlich dann auch immer mehr zu Missverständnissen und Streitigkeiten kommt, steht außer Frage und die Angst ist immer dabei.

Das Tragische an dieser Situation ist vor allem, dass ein harmonisches Miteinander unter diesen Umständen nicht mehr funktionieren kann, auch wenn es aber trotzdem noch verlangt oder erwartet wird und dann sind es gerade die nicht gewollten Reaktionen, die noch Öl ins Feuer gießen.

Wenn man sich aber mal die Mühe macht, den Menschen mit seinen Problemen und Ängsten zu analysieren, dann stellt man fest, dass gerade diese Angstform sehr schnell abgelegt werden kann oder könnte.

Punkt 1 ist natürlich davon abhängig, ob sich er Mensch überhaupt helfen lassen möchte, was sicherlich die

Grundbedingung dafür ist, dass die betreffende Person ihr Schamgefühl ablegt und bereit ist, sich jemanden anzuvertrauen.

Punkt 2 ist die absolute Ehrlichkeit und das Offenlegen aller Probleme und Ängste!

Punkt 3 REDEN war und ist auch heute noch immer der Schlüssel zum Erfolg und glauben Sie mir, das ist sicherlich nicht nur ein Spruch!

Reden, REDEN, ReDeN, reden, war und ist die Grundvoraussetzung dafür, dass man Hilfe bekommen kann!

Immer wieder:
Die Saat, die man selbst auslegt, kann auch die Ernte sein!

Vielleicht denkt sich jetzt jemand, er habe schon so oft geredet und nie ist etwas zurück gekommen und auch keiner konnte helfen und beharrt deshalb jetzt auf seine Meinung, dass auch reden nicht immer was bringt.

Doch dann lassen Sie mich fragen, mit WEM haben Sie geredet und vor allem, was waren IHRE Erwartungen in diesem Gespräch oder an den Gesprächspartner??

Punkt 1, manchmal ist es verdammt wichtig, dass man sich die richtigen Gesprächspartner sucht, auch wenn das bedeutet, dass man sich fremden Menschen anvertraut und sich dadurch adäquate, sowie professionelle Hilfe besorgt.

Punkt 2 ist dann natürlich die Erwartung! Wenn ich von vornherein in ein Gespräch gehe, mit der **Erwartung**, dass ein Ergebnis dann so auszusehen hat, wie ich es jetzt gerne hätte, dann haben Sie das falsche Gespräch gesucht oder den falschen Partner vor sich gehabt.

Auch ein sachliches Gespräch sollte nun mal aus Geben und Empfangen bestehen und dann ist es wichtig, dass man niemanden hat, der einem nur nach dem Mund redet oder die negative Situation noch verstärkt, sondern der auch Lösungsvorschläge parat hält, die sich auf den ersten Blick nicht gerade leicht anhören, denn ein schweres oder großes Problem, wird sich auch nur in den seltensten Fällen einfach lösen lassen. Also muss man in solchen Situationen die Hinterbacken zusammen kneifen und nach vorne gehen.

Bestes Beispiel sind nämlich dafür leider immer wieder die allseits bekannten Schuldenprobleme, die viele Menschen schon nicht mehr schlafen lassen und Ängste freigesetzt haben, unter denen der Betroffene dann zunehmend leidet.

Die Schulden zu machen, war in den häufigsten Fällen sehr einfach, diese dann aber wieder abzutragen, das kann eine der schwierigsten Aufgaben sein oder werden.

Allerdings bedeutet ein schwerer Weg noch lange nicht, dass er auch unlösbar ist!

Es verlangt halt sicherlich Einschränkungen, aber auch ein großes Maß an Disziplin.

Gerade in der heutigen Zeit und vor allem auch in Deutschland, haben wir inzwischen sehr gute Möglichkeiten bekommen, aus einer Schuldenfalle zu kommen, wenn wir das wirklich wollen!

In vielen Fällen durfte ich erleben, dass sich doch etliche Menschen erst gar nicht getraut haben, mit ihrer Bank oder einem Schuldnerberater ein klärendes Gespräch zu suchen.
Teilweise aus Scham oder aber auch weil man schon der festen Annahme war, keiner könnte ihnen helfen.
Manche Betroffene hatten sich auch einfach die Meinung von irgendwelchen Mitmenschen angenommen, die es auch nicht besser wussten und damit natürlich die negativen Vermutungen des Einzelnen verstärkt.

Abschließend dazu kann ich Ihnen aber verraten, dass wirklich allen Menschen geholfen werden konnte, wenn auch auf sehr unterschiedliche Art und Weise.

Und wie leicht das manchmal geht, zeigt uns ja auch immer der nette Mann aus Berlin auf RTL, der mit einer seltenen Hingabe die Menschen aus ihren Schulden holt, allerdings nicht ohne die Mithilfe von den Betroffenen selbst.
Man muss halt in solch einer Lage wirklich bereit sein, mit der Bank, vielleicht sogar auch einem anderen Kreditinstitut oder halt mit der Schuldnerbratung einen Termin zu machen.

Hilfe kann nur den Menschen gegeben werden, die sie suchen und dann annehmen.

Die Beziehungs-, Bindungs- oder Verlusangst:

Viele Menschen stecken in einer Partnerschaft und haben eine Verlustangst entwickelt und zugelassen oder sie sind Single und glauben, sie würden keinen passenden Partner mehr finden.

Plötzlich redet man sich auch nicht selten ein, dass man Beziehungsunfähig wäre oder man selbst so schlecht sei, dass man sowieso alles Gute dann irgendwann wieder zerstören würde. Mit dieser Form von Bindungsangst, kann es natürlich nur schief gehen, denn wenn ich nur negativ in allem denke, ziehe ich alle Probleme und Spannungen selbstverständlich automatisch an.

Natürlich weiß ich, dass an dieser Stelle viele Menschen aufschreien werden, weil sie es besser wissen, wobei ich das ganz bewusst in Frage stelle, denn schließlich habe auch ich meine Erfahrungen dazu, die ich Ihnen noch ausreichend mitteilen werde.

Grundsätzlich kommt es doch immer wieder darauf an, wie sich unser Partner auch zu und in verschiedenen Situationen verhält und reagiert. Letztlich ist dieser dann nämlich auch für die Handlungen mitverantwortlich und man kann die Schuld erst einmal nicht nur bei sich alleine suchen.

Hier sei natürlich angemerkt, dass sich diese Aussage keinesfalls auf einen Vertrauensbruch oder eine Untreue bezieht, denn dafür ist jeder selbstverantwortlich und sollte nie die Schuld dafür bei seinem Partner suchen! Im Gegenteil, in einer Beziehung muss es stimmen und wenn die Harmonie, die Ehrlichkeit, der Respekt, das Vertrauen und die Freiheit gleichermaßen gegeben sind,

dann lassen sich Kompromisse viel einfacher machen
oder entlocken, sofern sie überhaupt notwendig sind.

Gerade partnerschaftliche Ängste sind leider sehr stark
vertreten und haben ein Ausmaß bekommen, was meiner
Meinung nach schon erschreckend ist.
Dabei ist leider auch immer wieder zu erkennen, in
welcher Oberflächlichkeit viele Menschen denken und
leben. Viele Menschen sind so sehr auf das Äußere bei
einem Partner fixiert, dass sie sich wundern, wenn es
dann zu einem späteren Zeitpunkt zwischenmenschlich
nicht funktioniert und sie nicht erkennen wollen, dass sie
schon längst loslassen müssen.

Keine Frage, das Auge isst mit und natürlich müssen sich
zwei Menschen attraktiv finden.
Doch auch wenn ich jetzt bei einigen Menschen die
Augenbrauen nach oben bewege, der Gleichklang, die
inneren Werte, die Eigenschaften, die gemeinsamen
Interessen müssen halt auch stimmen.

Was nützt uns der schönste Mensch, wenn wir mit ihm
keinen gemeinsamen Nenner finden und wir mit diesem
Partner nicht auf der gleichen Wellenlänge leben und
kommunizieren können?

Eine Partnerschaft sollte immer auf Geben und
Empfangen ausgerichtet sein und was noch viel wichtiger
ist, sie sollte uns bereichern und glücklich machen.

Wir haben fast alle in unserem Leben Erfahrungen
machen dürfen, wo wir blind in eine Beziehung gegangen

sind und später festgestellt haben, dass es einfach nicht gepasst hat.

Oder wir sind Beziehungen eingegangen, die uns enttäuscht haben, manche sogar nachhaltig. Bindungen, die uns sehr viel abverlangt haben und aus denen wir sehr viel mitgenommen haben, teilweise positives, aber natürlich auch viel negatives und aus allem haben wir etwas gelernt.

Sie haben uns gezeigt, was wir selbst möchten und auch, was wir ganz sicher nie wieder wollen. Kurz, sie haben uns geprägt und zu dem gemacht, was wir heute sind.

Jede Trennung ließ uns mehr oder weniger leiden und mit jedem Neuanfang, machten sich neue Hoffnungen breit. Aus Erfahrung möchte ich hier aber anmerken, dass es im wesentlichen darauf ankommt, wie wir immer wieder selbst aufgestellt sind. Wenn ich mit Erwartungen nach vorne denke, gehe und fühle, muss ich damit rechnen, dass diese sich nicht erfüllen und ich somit enttäuscht werde.

Je glücklicher, herzlicher und freier ich in mir selbst lebe, umso eher ist die Wahrscheinlichkeit, dass ich genau diese Menschen auch anziehe. Deshalb gebe ich gerne auch den Rat, eine Liebe nicht zu suchen, denn sie findet sich von ganz allein, wenn ich selbst glücklich innerlich aufgestellt bin. Eine Beziehung soll nicht einfach nur ein Umstand sein, sondern sie soll das Leben bereichern und uns auf herzliche, sowie glückliche Art und Weise etwas bringen.

Da Beziehungs- und Verlustängste eine überragende Position eingenommen haben, möchte ich diesen Punkt noch etwas intensivieren, da diese Form von Angst viele Menschen erheblich belastet.

Zum einen müssen wir uns bewusst werden, dass wir nichts halten können, was nicht wirklich bei uns bleiben möchte!
Eine Beziehung muss immer von zwei Menschen geführt und gewollt werden. Es hilft daher überhaupt nichts, wenn ich einen Partner klammere oder ihn sogar mit Druck an mich binden will.

Leider ist das ein Punkt, an dem sich viele Menschen sehr schwer tun und ich sage auch ehrlich, wo viele in sich sehr egoistisch denken. Ich habe mich schon manchmal gefragt, was ein Besitzdenken in der Partnerschaft zu suchen hat, denn wie jeder weiß, ist die Sklaverei schon lange abgeschafft und jeder Mensch hat nicht nur das Recht auf seine eigene Meinung, sondern vor allem auch auf seinen eigenen Freiraum. Dieser wird leider oftmals erheblich unterschätzt und ist für jeden Partner auch sehr wichtig.

Wer die Ehre eines Menschen nicht respektiert und würdigt, ist auch den besten Menschen nicht wert!
Stalkerei hat sich in unserer Zeit einen neuen Namen gemacht, leider, wobei ich froh bin, dass es dazu inzwischen ein Gesetz gibt, was diese Form von Terror hart bestraft.
Allerdings muss ich auch hier anmerken, wo kein Kläger ist, kann auch kein Richter sein.

Stalker müssen sich die Frage gefallen lassen, was sie eigentlich unter Liebe und unter einer Beziehung verstehen?

Man kann nicht mit Druck einen Menschen an sich binden, der es emotional nicht will. Es wird immer die Angst in solch einer Beziehung vorhanden sein, die ein echtes Glücklichsein verhindern wird.

Macht, Drohungen und Gewalt sind Worte, die niemals in einer Partnerschaft eine Rolle spielen dürfen. Dazu muss ich sagen, dass sich wohl viele Menschen gar nicht darüber im klaren sind, was sie eigentlich wirklich damit anrichten können, bei dem Menschen, den sie angeblich doch so sehr lieben.

Diese Art von Einengung eines Menschen bringt bei sehr vielen Partnern ganz unterschiedliche Ängste mit sich und ANGST darf und sollte auch nie in einer Beziehung etwas zu suchen haben.

In vielen partnerschaftlichen Gesprächen stellte sich nicht selten heraus, dass die Gewohnheit ihre Spuren hinterlassen hatte und man mehr nebeneinander, als miteinander in einer Beziehung war und steckte.

Eine Tatsache, die mich persönlich immer wieder etwas nachdenklich stimmte, denn wo war sie hin, diese anfängliche LIEBE, wo sich zwei Menschen wohl fühlten und deshalb beschlossen hatten, zusammen zu gehen?

Hatten sie nun ihre eigentliche Maske abgelegt und waren nun die, die sie wirklich waren?

Immer wieder rede und schreibe ich insgesamt von der innerlichen Aufstellung.

Doch was bedeutet sie denn nun eigentlich wirklich?

Auch wenn ich mich etwas wiederhole, doch zunächst einmal muss sich ein Mensch selbst vor den Spiegel stellen und sich persönlich annehmen, was nicht nur äußerlich gilt, sondern vor allem auch innerlich.

Der Mensch muss sich selbst komplett annehmen und sein Selbstwertgefühl und sein Selbstbewusstein fördern. Grundsätzlich kann ich einen anderen Menschen auch nur um das bitten, was ich selbst bereit bin zu geben oder anders ausgedrückt, was ich selbst geben kann!

Dazu gehört auch, dass ich selbst ehrlich, aufrichtig, liebevoll, herzlich, respektvoll und glücklich bin, was ich nicht von einer anderen Person abhängig mache.
Mir ist inzwischen bewusst, dass diese Aussage von vielen Menschen belächelt wird, allerdings nur solange, bis man sie verstanden hat, denn je besser eine Person im Leben aufgestellt ist, umso weniger hat das magische Wort ANGST in diesem Leben eine Bedeutung und man zieht das Glück, den Erfolg und auch die Gesundheit automatisch an.

Vielleicht fragt sich jetzt der ein oder andere, warum das ausgerechnet so wichtig sein soll?

Es hat sehr viele Gründe, denn zum einen haben Studien ausreichend bewiesen, dass „aufgestellte" Menschen viel glücklichere Beziehungen erleben und zum anderen hilft es einem Menschen auch selbst, die Angst vor sich selbst oder die bekannte Bindungsangst abzubauen. Sie existiert dann einfach irgendwann gar nicht mehr, so dass man viel befreiter das Leben und eine neue Beziehung oder Partnerschaft genießen kann.

Menschen, die irgendwann an einem Punkt angekommen waren, an denen sie sich mehr auf das eigene Leben konzentriert hatten, anstatt es immer wieder von einem Partner abhängig gemacht zu haben, fanden nicht nur plötzlich den Partner fürs Leben, sondern auch die große Zufriedenheit für ihr Leben.

Also nicht immer die Schuld bei sich selbst suchen und auch keine Angst vor einer neuen Beziehung haben, denn wenn Mr. oder Mrs. Right vor der Tür stehen, man selbst dafür bestens bereit und aufgestellt ist, dann klappts auch mit jeder Art von Beziehung.

Schlimm sind auch die Trennungsängste, mit all den Problemen, die leider auch sehr oft auch damit verbunden sind, bis hin zu der Angst, dass man dann alleine bleibt und zum Beispiel, was ja leider nicht selten ist, seine Kinder nicht mehr sehen kann.

Auch hier gilt wieder der Grundsatz, was ich denke, das ziehe ich automatisch an. Eine Trennung ist manchmal schlimm, keine Frage, aber bis es zur Trennung kommt, vergeht Zeit!
Zeit, die man nutzen kann, um eine Trennung eventuell zu verhindern oder aber sich mit der Zeit bewusst zu machen, dass eine Trennung die beste Lösung ist. Eine Trennung bedeutet schließlich auch, einen Neuanfang zu

starten und auch wenn der oftmals steinig und schwer ist, das Ergebnis kennen viele zu diesem Zeitpunkt noch nicht, denn das kann nachhaltig sehr beeindruckend sein. Manchmal erkennt man dann erst nach Jahren, wie wichtig und wertvoll eine solche Trennung war, vor allem dann, wenn man einen neuen Menschen an seiner Seite weiß, mit dem man wirklich glücklich ist.

Schließlich können wir nicht in die Zukunft sehen, aber wir können der Zukunft eine Chance geben und wenn ich an dieser Stelle persönlich werden darf, es lohnt sich sicher.

Ich selbst bin ja auch ein Mensch, der seine Erfahrungen machen durfte, schwierige und steinige Wege noch gut kennt und nachdem ich sie gegangen bin und mich neu und anders aufgestellt habe, nun vom Leben verwöhnt worden ist. Am schönsten und besten sind nun mal die Ratschläge, dessen Ergebnis man selbst kennt und heute kann ich mir inzwischen kein glücklicheres Leben mehr vorstellen.

Dabei geht es nicht darum, nach dem perfekten Leben zu suchen, sondern das Leben für sich selbst perfekt zu finden.

Angst hatte ich früher, heute lebe ich das Leben!

Ängste hat man „gelernt":

Jede Art von Angst entstand durch unschöne, sowie unangenehme Einflüsse von außen, die wir bewusst, aber auch unbewusst in uns aufgenommen haben. Wer viel negative Erfahrungen in seinem Leben gemacht hat, sowie auch einige Enttäuschungen verarbeiten musste, hat eine sensiblere Art, verschiedene Formen von Ängsten in sein Leben gelassen zu haben. Wir wurden geprägt und haben „gelernt", die Angst mit in uns aufzunehmen, auch wenn sie uns von außen aufgezwungen wurde.

Ein gutes Beispiel dafür, ist eine kleine Geschichte aus meiner Kindheit.
Ich war fünfzehn und mit meinem Mofa unterwegs, als ein großer Hund von einem Grundstück direkt auf mich zulief und mich in das Bein biss, so dass ich stürzte.

Jahrelang hatte sich von da ab die Angst vor Hunden in mir festgesetzt und es spielte keine Rolle mehr, ob sie nun groß oder klein waren. Alles was bellte, setzte diese Angst frei.
Erst mit den Jahren und der Tatsache, dass ich mich mit Hunden beschäftigte, einen anderen Bezug zu ihnen bekam, ließ mich diese Angst wieder los werden.

Jede Verhaltens- oder Denkweise hinterlässt deutliche Spuren in unserem Unterbewusstsein und es liegt mit an uns, mit welchen Informationen wir es füttern.
Wenn wir bewusst nichts dagegen tun, können wir es nicht vermeiden, dass wir unter Umständen ein ganzes Leben darunter zu leiden haben.

Noch schlimmer, wir werden unser eigenes Opfer dieser Ängste und das kann dazu führen, dass wir uns sogar noch hinein steigern und es neurotisch werden kann.

Dabei muss man auch ganz klar sagen, dass Zeit zwar Wunden, aber keine Ängste heilen kann. Es liegt immer an uns, sich diesen Ängsten zu stellen, um sie abzubauen.

Jede negative Vorstellung löst Angst aus, bei dem einen mehr, bei dem anderen weniger und immer wieder spielt das magische Gesetz der Anziehung eine große Rolle.

DAS, was ich denke, ziehe ich auch an!

Viele Menschen haben schon eine Angst entwickelt, wenn sie täglich zum Briefkasten gehen, denn in dem sie den Schlüssel in die Hand nehmen, stellen sie sich schon die Frage, was wohl wieder für schlechte Post gekommen ist.

Je unangenehmer meine Vorstellung auch ist, umso größer ist die Wahrscheinlichkeit, dass sich daraus etwas schlechtes, negatives oder unangenehmes entwickelt. Die Fantasie kann mit uns durch gehen, sie kann uns Streiche spielen und dadurch leiden lassen, obwohl die Wirklichkeit ganz anders ausschaut und nichts von diesem Denken wirklich existiert.

Das erkennen Sie spätestens dann, wenn im Briefkasten keine schlechte Post vorhanden war und sich diese Angst von ganz alleine aufgelöst hat.

Schlimm daran ist, dass Ängste auch ansteckend sein können. Ein Punkt, der unwahrscheinlich wichtig ist und vor allem ernst genommen werden sollte, denn oftmals sind wir uns nicht im geringsten darüber bewusst, was wir damit anrichten können.
Gerade Kinder sind unglaublich feinfühlig. Noch immer gibt es viele Menschen, die wirklich in dem Glauben sind, dass Kinder noch kein Wissen hätten und Probleme, sowie Ängste gar nicht mitbekommen würden.

Das ist ein großer Trugschluss, denn Kinder haben so sensible Antennen, die wir leider sehr oft mit den Jahren verloren haben.
Jede Stimmungsschwankung, jede Angst, fühlen und bekommen sie mit, auch wenn sie sich meistenteils und je nach Alter, nicht dazu äußern.

Kinder lernen von uns alles, auch was wir versuchen, vor ihnen zu verstecken und somit lernen sie natürlich auch die Gefühle von Ängsten bewusst oder unbewusst in sich aufzunehmen.

Angst wird leider sogar gerne als Druckmittel benutzt, um Menschen damit zu manipulieren.
Bedauerlicherweise nicht nur bei Kindern, sondern auch noch oft im späteren Leben.

Das ist dann mit ein großer Punkt, warum wir selbst im späteren Leben noch mit so vielen Ängsten aus der Vergangenheit zurecht kommen müssen.

Wir müssen die Vergangenheit loslassen!

Die Vergangenheit ist bei vielen Menschen ein schwerer Rucksack des Lebens geworden, in dem Gewicht lagert, welches sich im zunehmenden Alter nicht selten noch vermehrt.

Viele Menschen tragen Erlebnisse in sich, die ihnen nicht nur das Leben zunehmend erschweren, sondern sogar noch die eigentlichen Ängste schüren. Dabei haben die meisten von uns geglaubt, sie hätten die Vergangenheit sehr gut verdrängt oder vielleicht sogar schon genügend abgearbeitet. Oftmals sind es dann auch Erlebnisse aus der Kindheit, die uns heute noch das Leben schwer machen, obwohl nicht selten Betroffene der Meinung sind, sie hätten das Erlebte schon längst verarbeitet.

Leider ist das aber nur sehr selten der Fall, was sich über die Jahre in meiner Arbeit mit Betroffenen immer wieder gezeigt und bewahrheitet hat. Immer wieder hat sich nämlich gezeigt, wie sich frühere Erlebnisse als Trauma festgesetzt hatten und einzeln behandelt werden mussten.

Da ich eine eigene, sehr effiziente, Arbeitsmethode entwickelt habe, um viel intensiver Probleme richtig lösen zu können, stellte ich immer mehr fest, dass die gedachten offenliegenden Probleme bei Betroffenen nur sehr selten die eigentliche Ursache allein waren und immer wieder irgendein Trauma aus der Vergangenheit zum Vorschein kam.
Erinnerungen, Erlebnisse, die halt nicht verarbeitet wurden und sehr oft eben einfach nur verdrängt worden waren.

Wenn allerdings die Verdrängung zu massiv war, wird sich immer irgendwann ein Schmerz melden, der uns unter Umständen ein ganzes Leben begleiten kann oder wird.

Dabei sind auch die Verdrängungstechniken der einzelnen Menschen immer wieder ganz unterschiedlich, auch wenn sie allesamt zum größten Teil leider nicht erfolgreich sind.

Letztendlich sind es alles Tricks, mit denen wir uns nur selbst belügen oder reinlegen.

Selbst wenn wir etwas verleugnen, weigern wir uns damit, die Dinge nun mal so zu akzeptieren, wie sie sind.

Ein Geschehen kann so aus dem Bewusstsein verdrängt und dann dementsprechend hergerichtet werden, dass wir damit leben können, auch wenn die Tatsache dadurch im Dunkeln bleibt. Unser Unterbewusstsein werden wir damit allerdings nicht täuschen können, denn es kennt immer die Wahrheit und vergisst sie auch nicht.

Ein sehr gutes Bespiel dazu findet sich immer wieder im partnerschaftlichen Bereich, vor allem, wenn es um eine Trennung geht.

Wir lieben einen Menschen und reden uns ein, dass wir ihn losgelassen und nicht selten auch vergessen haben. Manche stürzen sich vermehrt in ihre Arbeit, um sich einfach von den ständigen runterziehenden Emotionen abzulenken. Nicht wenige kramen in den Erinnerungen nach irgendwelchen negativen Dingen, um damit den Menschen in einem schlechten Licht stehen zu lassen und um so besser mit der Trennung fertig zu werden. Nicht selten kommen sogar Gedanken des Hasses mit hinein, nur um sich selbst zu beruhigen. Nach außen können wir dann jedem Menschen in die Augen schauen und sagen, dass die Trennung das Beste war, was uns passieren konnte.

Doch ist das auch immer innerlich der Fall oder besser gesagt, ist das die echte Wahrheit?

Sehr oft nicht!

Im Gegenteil, wir belügen uns selbst und es gibt viele Menschen, die ihren Partner oder Ex-Partner noch immer lieben, auch wenn sie sich selbst dabei etwas vormachen. Wenn es eine Chance zurück geben würde oder dieser Partner sich ändern würde, egal, was die eigentliche Ursache dabei ist, wir würden den Menschen oftmals wieder in die Arme schließen und vergessen wären unsere Worte des Hasses.

Lassen Sie deshalb die Vergangenheit los und befreien Sie sich von den teils quälenden Erinnerungen, sie sind nur Ballast in Ihrem Kopf und in Ihren Emotionen.

Loslassen ist ein weiterer sehr wichtiger Schlüssel dazu, dass Sie gestärkt IHR Leben wieder leben können und Ihre Angst verlieren.

Gerade bei diesem Punkt tun sich die Menschen aber leider immer sehr schwer und nicht selten bekomme ich zu hören, das wäre auch nicht leicht.

Natürlich sind viele Wege im Leben nicht leicht, oftmals sogar sehr steinig und anstrengend, aber wir müssen nun mal leider manche Wege gehen, damit wir irgendwann an das Ziel gelangen und es uns wieder gut geht. Gerade im partnerschaftlichen Bereich, wird immer wieder nur sehr schwer losgelassen. Doch mal ehrlich, kennen Sie die Zukunft und wissen Sie wirklich, was Sie irgendwann einmal erwartet?

Mit Sicherheit nicht, denn niemand kann in die Zukunft sehen und uns diese Frage beantworten.

Wenn wir in einer Partnerschaft nicht mehr glücklich sind, müssen wir etwas tun. Entweder, wir beschäftigen uns mit dem Thema Partner und versuchen diese Beziehung zu retten, auch dazu gibt es ausreichend Ansätze und Möglichkeiten, sofern BEIDE das ehrlich wollen oder wir müssen erkennen, dass diese Beziehung vorbei ist und wir loslassen müssen.

Mir ist bewusst, dass diese Aussage bei vielen Menschen als sehr gewagt verstanden wird, aber ganz ehrlich, wer von Glück redet, glücklich sein will, der muss auch etwas dafür tun und selbst dazu habe ich nicht nur eine Reihe von Erfahrungen bei anderen Menschen gesammelt, sondern, was für mich noch viel wichtiger ist, auch meine eigenen.

Ich habe auch Beziehungen gehabt, die mich letztendlich lernen lassen durften, was niemals leicht war und zu der Erkenntnis gebracht haben, dass es absolut richtig war, loszulassen, selbst wenn es in der damaligen Situation noch so schwer war. Doch wenn ich es nicht getan hätte, würde ich heute noch irgendwie einfach nur dahin leben, wahrscheinlich mehr schlecht, als recht und was noch viel bedeutender für mich ist, ich wäre sicherlich nicht der großen Liebe begegnet, die ich heute täglich genieße und empfangen darf. Alles im Leben hat seinen Sinn, allerdings müssen wir ihn auch erkennen und verstehen lernen. Wir müssen uns deshalb ersteinmal erkennen und verstehen, denn dann sind wir einen ganz großen Schritt weiter.

Sie müssen sich selbst finden, aufstellen und lernen, den Ballast von Ihnen selbst abzuwerfen.

Das gleiche Beispiel finden Sie auch sehr oft in den Aussagen von Menschen, die Ihnen nach außen vermitteln, dass sie glücklich sind. Es wird Ihnen schließlich mit einem Lächeln im Gesicht gesagt und doch, wenn man hinter die Fassade von einigen schaut, ist das leider überhaupt nicht der Fall.

Wenn man von den eigenen Gefühlen erdrückt wird, hat die Psyche sehr leichtes Spiel mit Ihnen und lässt natürlich auch die Angst zu. Gerade aus diesem Grund gibt es so viele Menschen, die immer wieder verleugnen, verdrängen oder Gefühle verschieben möchten.

Fragen Sie sich jetzt, wie man Gefühle verschieben kann?

Denn das tun sehr viele Menschen inzwischen schon beinahe unbewusst. Probleme erzeugen automatisch Gefühle, Gefühle, die uns wiederum stark belasten und wir geben diesen Belastungen, Problemen und Gefühlen einfach einen anderen Namen.

Ein weiteres Beispiel:
Die Bank ist schuld, dass ich kein Geld abheben konnte.

Es ist ganz einfach, der Bank nun jedes Problem, jedes Gefühl, jeden Gedanken zuzuordnen, schließlich sind die ja dort Schuld, dass ich von denen kein Geld bekommen habe.
Genauso ist es auch oft in einer Trennung.
Der Partner hat uns doch verlassen, er ist doch Schuld an unserer Trennung.

Auch hier wird gar nicht erst realistisch draufgeschaut, welche Gründe es dafür gab, schließlich gehören zu einer Trennung immer zwei Menschen und bis man sich trennt, ist auch schon einiges vorher passiert.

Wir beschäftigen uns erst gar nicht mit der Ursache oder den eigentlichen Gründen, nein, wir leiten einfach alles um und verschieben die Gefühle einfach an eine andere Zuständigkeit.
Egal ob es der Arbeitgeber, der Partner, die Eltern oder welche Bezugspersonen auch immer sind, ihnen wird die Schuld dafür gegeben, dass unser Leben so geworden ist.

Bewusst haben wir uns damit vielleicht etwas erleichtert, aber das Unterbewusstsein wird schon dafür sorgen, dass es sich den wahren Übeltäter vornimmt.

Es werden soviele Geschichten zurecht gelegt, teilweise mit einer solch überaus geschickten Täuschung, Fälschung oder Lüge, dass andere Mitmenschen dann natürlich darauf hinein fallen. Die Psyche schützt sich vor der Angst von der Aufmerksamkeit. Wenn wir die

Aufmerksamkeit verzerren, können wir auch die Angst abwehren.

Unser Gedächtnis ist sehr mächtig und hat dazu einen fundamentalen Einfluss auf unser Leben und vor allem auf unsere Psyche.

Darüber sollten Sie sich immer im klaren sein!

Angst kann zu Depressionen führen!

Ängste verursachen bekanntlich Stress in uns und dieser Stress führt zu einer Erschöpfung. Je intensiver wir diese Erschöpfung in uns aufnehmen, bzw. darunter leiden, fallen wir in einen Gemütszustand, der depressive Stimmungen mit sich bringt. Umso länger diese Zustände andauern, umso wahrscheinlicher kann es sein, dass wir irgendwann unter einer Depression leiden müssen.

Psychisch zu erkranken, ist inzwischen keine Seltenheit mehr und gerade die Depression ist dazu sehr oft eine schwere und stark ausgebreitete Krankheit geworden, die leider genauso wie Burnout, von vielen unter uns nicht nur auf die leichte Schulter genommen, sondern auch erheblich unterschätzt wird. Da sie, wie auch Burnout, in den unterschiedlichsten Formen vorkommt, wird sie von den Betroffenen selbst sehr unterschiedlich erlebt und natürlich ist unbedingt ärztliche Hilfe erforderlich. Alleine schon aus dem Grund, da viele Betroffene nicht selten Selbstmordgedanken entwickeln. Das können manchmal einfach nur Gedankenspiele sein, gelegentlich sind es dann aber auch stark ausgeprägte Todeswünsche, wo dringend Hilfe für den Betroffenen erforderlich ist.

Depressionen sind ganz sicher keine eingebildeten Leiden, sondern schwere, immer wiederkehrende Tiefs oder sogar chronische Erkrankungen, die auf jeden Fall immer Ängste mit sich bringen.

Was viele Menschen nicht wissen, ist die Tatsache, dass die eigentliche Schulmedizin gar nicht auf Depressionen ausgerichtet ist und es hier viel zu wenig Fachwissen gibt.

Dadurch wird leider auch der eigentliche Kern oder die wirkliche Ursache nur viel zu selten erkannt und es gibt gerade in diesem Bereich unzählige Fehldiagnosen.

Auch eine der bekanntesten Fehldiagnosen in solch einem Zustand, ist oftmals die Fibromylagie, wobei es natürlich diese Krankheit tatsächlich in Form von Weichteilrheumatismus gibt, aber sie wird halt nicht selten auch zweckentfremdet, weil Betroffene eben die gleichen Symptome beschreiben.

Also werden Medikamente seitens der Schulmedizin verordnet, weil uns die Pharmakonzerne für alles auch letztendlich genügend Medikamente anbieten. Unter anderem werden dabei dann auch Antidepressiva mit verordnet, die nicht selten noch zusätzlich Ängste mit sich bringen. Wir bewegen uns also in einem Kreislauf, wo wir unsere eigentlichen Beschwerden sogar noch schüren.

Diese Medikamente sind dann zwar bekanntlich unsere Serotoninvermittler, die unsere Nerven oder Hormone wieder mit Glücksgefühlen erfrischen sollen, aber sie verändern uns auch, äußerlich, sowie innerlich.

Frauen sind sehr oft gegenüber den Männern einen Schritt weiter und damit klar im Vorteil, denn Frauen reden in vielen Punkten einfach klarer und offener. Sie sagen, was sie belastet, was ihnen weh tut und was sie gerne loswerden möchten. Männer sind da klar anders, denn sie reden nicht gerne über ihre Probleme, schlucken sie lieber runter und reden dann, wenn es wirklich darauf ankommt, gerne um den heißen Brei herum, wobei es sicherlich Ausnahmen gibt.

Trotzdem ist in vielen Studien wiederlegt worden, dass Männer halt mehr falsch behandelt worden sind, was genau auf die aufgeführten Fakten zurückzuschließen ist. Das macht es insgesamt auch sehr gefährlich, denn wenn sich ein Mann nicht öffnen will, kann man ihm auch nicht helfen, denn wir können schließlich jedem nur vor den Kopf sehen.

Depressionen bringen viele Ängste mit sich und genau aus diesem Punkt, müssen Depressionen auch aus der Tiefe angeschaut und behandelt werden!
An diesem Punkt möchte ich schon mal anmerken, dass man sich dazu auch wirklich adäquate Hilfe holen sollte, denn leider tummeln sich auch auf diesem Gebiet sehr viele selbsternannte „Burnout-Experten" herum, die sicherlich nicht immer dafür prädestiniert sind, sich auf Betroffene einzulassen und die mehr Schaden anrichten können, als es dem Menschen dann lieb ist. Deshalb schauen Sie auch im großen weiten Internet richtig nach und informieren sie sich ausreichend, denn es ist Ihre Gesundheit!

Wenn man sich einen Menschen mal anschaut, der unter Depressionen leidet, dann werden wir feststellen, dass diese Menschen antriebslos sind und nichts mehr tun wollen. Noch schlimmer, sie fühlen auch oftmals nichts mehr.
Was sie aber immer machen, ist denken und das natürlich in einer Art von Tunnelblicken und viel zuviel negativ.

Negative Gedanken erzeugen die Sinnlosigkeit des momentanen Lebens, was wiederum Angst freisetzt, die so stark und belastend werden kann, dass Suizidgedanken aufkommen.

Viel erschreckender finde ich aber die Tatsache, dass wir fast alle diesen Kreislauf wissen und kennen, aber nur die wenigsten wirklich bereit sind, etwas für sich, für ihre Gesundheit, für ihr Leben zu tun. Wir haben nämlich auf diesem Gebiet sehr viele wirklich gute Spezialisten, die Betroffenen auch helfen könnten, ABER die wenigsten arbeiten noch mit einer Kassenzuzlassung, was bedeutet, der Betroffene müsste in sich selbst mal etwas Geld investieren.
Das ist der Punkt, der das Spreu vom Weizen trennt, denn wenn es um das liebe Geld geht, ist der Mensch leider sehr oft dazu veranlagt, dass er es lieber für irgendwelche materiellen Dinge ausgibt, als in sein eigentliches Leben, was viel wertvoller ist!

Vielleicht fragen Sie sich jetzt, wofür sind denn dann die Ärzte eigentlich da, wenn diese uns sowieso nicht gut und adäquat behandeln können?

Dazu möchte ich Ihnen folgendes sagen:

Ein Arzt ist bekanntlich auch nur ein Mensch und ganz sicher möchte ich hier jetzt nicht die Arbeit, den Titel oder die Qualifikation dieser Berufssorte abwerten.
Doch bitte bedenken Sie, dass es fachbezogen auch Ärzte, Therapeuten und Menschen gibt, die sich wirklich nur mit der Psychiatrie und Psychologie beschäftigen und

somit der Masse von Ärzten einen großen Schritt voraus sind und Ihr Problem bei der Wurzel fassen können.

Das diese Menschen nun privat abrechnen, liegt nicht nur allein an dem großen Verwaltungsaufwand, den eine Kassenzulassung mit sich bringt, sondern auch an dem schlechten System, denn es kann wirklich nicht sein, dass ein Psychiater pro Quartal noch keine vierzig Euro pro Patient bekommt. Wenn Sie sich jetzt selbst mal die Besuchsintervalle in einer Krisenintervention von einem Betroffenen hochrechnen, werden Sie vielleicht besser verstehen, warum man lieber Privat, als mit einer Kassenzulassung arbeitet, die, wie schon gesagt, noch zusätzlich sehr viel Arbeit und Zeit abverlangt.
Wertvolle Zeit, in der man besser den Menschen helfen kann!

Dazu kommt sicherlich auch noch, dass Ärzte natürlich nicht unerhebliche Vorteile seitens der Pharmakonzerne haben und bekommen, wenn sie die Medikamente auch gut an den Patienten bekommen.

Fachärzte und alle Menschen, die sich diesem Thema gewidmet haben, können grundsätzlich aus Erfahrung reden und Ihnen durch viele Vergleichsfälle auch die ein oder anderen Sorgen nehmen. Profitieren Sie von den Erfahrungen anderer Menschen oder vielleicht auf Ihren Wunsch, auch in vielen Selbsthilfegruppen.
Allerdings geht das alles nur, wenn man sich zum einen öffnet und zum anderen die Hilfe auch annimmt.

Wenn Sie sich mal fragen, was haben denn die Menschen vor hunderten vor Jahren gemacht, denn da gab es auch schon Depressionen, aber noch keine Pharmakonzerne, dann werden Sie zum Beispiel nicht selten von der Magnetbehandlung hören oder lesen. Selbst diese Art von Behandlung wird inzwischen wieder durchgeführt und auch ich selbst habe dazu sehr unterschiedliche Erfahrungsberichte, wobei man klar sagen muss, dass sich auch hier viel an der Qualität getan hat.

Selbst die Homöopathie hat heute soviel gute Ergebnisse und kann wirklich viel für einen Menschen tun, wenn er bereit ist, sich damit zu beschäftigen oder sich von dort eine weitere Meinung einzuholen.

Letztendlich entscheiden Sie immer wieder ganz allein, was Ihnen Ihre Gesundheit wirklich wert ist und was Sie auch dafür tun. Pflege beginnt zwar sicherlich mit dem Äußeren, muss aber auch innerlich durchgeführt werden!

Fakt ist nämlich, wer sich wirklich Hilfe in diesem Bereich gesucht hat, weil er auch wirklich gesund werden und wieder das Leben genießen wollte, der hat es auch erreicht.

Entscheiden tun SIE das ganz allein, denn SIE müssen Ihren Zustand, Ihre Krankheit erkennen und dann etwas dagegen tun und unternehmen.

Sie müssen für sich den Sinn des Lebens finden und dann das Leben auch leben, denn das ist es wert!

Was kann ich denn wirklich gegen meine Angst tun?

Ich kann hier jetzt nicht schreiben, drücken Sie auf einen Schalter und die Ängste sind weg. Das sollte wohl jedem Menschen klar und bewusst sein.

In erster Linie kommt es nämlich grundsätzlich darauf an, ob Sie ganz allein wirklich etwas gegen Ihre Angst unternehmen wollen?

Schaffen können Sie alles, wenn Sie sich beharrlich Ihren Ängsten stellen!

Glauben Sie mir, genau an diesem Punkt trennen sich nämlich viele Charaktere, denn das ist dasselbe, wie mit dem Gesund werden. Unglaublich und doch wahr! Es gibt wirklich Menschen, die möchten gar nicht gesund werden.

Gründe habe ich in Erstgesprächen sehr viele gehört. Die einen genießen es, dass sie in ihrer Rolle als „Kranker" mehr Aufmerksamkeit innerhalb der Familie erhalten, andere finden es toll, auf diese Art ihre vorzeitige Rente zu bekommen und nicht mehr arbeiten zu müssen, während wiederum andere einfach alles zu anstrengend bewerten, ohne es auch vorher nur im geringsten probiert zu haben.

Deshalb komme ich nun wieder an meine Aussage, die ich anfangs in diesem Buch gemacht habe. Wenn Sie wirklich Ihre Angst verlieren möchten, dann haben Sie jetzt eine realistische Chance, es auch zu schaffen.

Es kommt ganz allein auf Sie an.

Wichtig für einen Menschen sind die eigenen Wünsche!
Was will ich?
Was ist mir wichtig?
Was will ich erreichen?

Viele Menschen haben es sich leider angewöhnt, nach
den Wünschen ihrer Mitmenschen zu leben, ohne sich
selbst dabei noch mit einzubringen. Das kann alles eine
ganze Zeit gut gehen, allerdings kommt viel zu oft der
Zeitpunkt, wo uns dann klar wird, dass wir so nicht mehr
glücklich sind.

Sie müssen lernen, in und auf sich selbst zu hören und
sich mit sich selbst zu beschäftigen.

Sie selbst müssen für etwas brennen!

Wie Sie wissen, bedeutet Burnout, was ja inzwischen
sehr weit verbreitet ist, dass wir ausgebrannt sind. Das
bedeutet im Umkehrschluss, dass wir vorher für eine
Sache gebrannt haben. Wir waren begeistert, Feuer und
Flamme und haben etwas gerne getan.
Das können Sie auf alles anwenden, was Ihr Leben
betrifft, egal, ob es die Familie ist, die Arbeit oder was
auch immer. Irgendwann gab es eine Zeit, da hatten Sie
den Elan, die Kraft, den Mut, die Liebe und das Herz und
haben für diese jeweilige Sache förmlich gebrannt.
Genau das ist es, was Sie wieder für sich finden müssen,
Sie müssen brennen.

Natürlich kenne ich auch jetzt schon die nächsten Kritiker, die an dieser Stelle sagen werden, dass es so ja gar nicht funktionieren kann, weil man doch schließlich Rücksicht oder was auch immer, auf den Partner, den Kollegen, den Chef, die Kinder oder wen auch immer nehmen muss.

Doch lassen Sie mich hier etwas anmerken!
Wenn es mir nicht gut geht, dann geht das in erster Linie selbstverständlich schon mal mich und meinen Partner etwas an!
Zumindest dann, WENN er mir etwas bedeutet!

Ich muss aber erkennen, dass ich mir selbst sehr wichtig bin und wie wertvoll mein Leben für mich ist!

Wer meine Bücher und Arbeit kennt, weiß auch, wie wichtig ich es empfinde, dass man gerade mit Menschen, die einem sehr Nahe stehen, grundsätzlich vertrauensvoll miteinander lebt und sich auch regelmäßig ehrlich austauscht. Schließlich ist es wichtig, auch die Wünsche meines Partners zu respektieren und glauben Sie mir, Lösungen gibt es immer!

Wir müssen lernen, uns selbst erst einmal anzunehmen und richtig aufzustellen. Wer sich selbst lieben kann, wird auch viel besser einen anderen Menschen lieben können. Wer sich selbst respektiert, wird auch sein Umfeld respektieren können. Wer sich selbst vertraut, wird auch seinen Mitmenschen besser Vertrauen geben können.

Vertrauen ist dabei ein Schlüsselwort, denn wenn wir anfangen, uns selbst mehr zu vertrauen, beginnen wir auch dem Leben gesicherter entgegen zu treten.
Wir müssen nicht das Leben träumen, uns mit irgendeiner anderen Person identifizieren, die wir niemals sind und auch niemals sein werden.

Nein, wir müssen das Leben so gestalten, dass wir uns darin wohlfühlen!

Jeder Traum verdient es, dass wir ihn leben wollen, sofern er natürlich realistisch ist und bleibt.
Nicht die Flucht vor Sorgen und Ängsten bringt uns weiter, sondern einzig und allein der Mut und die Liebe in uns selbst.

Sehr oft hört man die Aussagen, „das ist nun mal so, da kann man nichts machen, anderen geht es genauso."

Selbstaufgabe wird niemanden weiter bringen, denn jedes Problem hat eine Wurzel und an die muss man sich heran wagen. Nicht immer leicht, das weiß ich, aber auch niemals unlösbar und letztendlich muss ich mir immer wieder die Frage stellen, was will ich denn?

Wenn ich meine Angst verlieren will, muss ich etwas tun!

Dazu fällt mir immer wieder ein sehr schönes Zitat ein: „Alles sagten, das ginge nicht, bis einer kam und es tat."

Ob nun andere Schuld an Ihrer Angst haben oder nicht, Sie allein haben es in der Hand, sie zu verlieren! Je mehr wir die Energie davon abwenden, eine Schuldzuweisung zu verteilen, sollten wir sie besser dort einsetzen, wo sie uns helfen kann.

Stellen Sie sich Ihren Problemen und Ängsten und fangen Sie an, sich selbst anzuerkennen, denn Sie haben es nicht nötig, die Anerkennung bei anderen Menschen suchen.

Belastungen schüren Ängste und es liegt immer wieder an uns, diese Belastungen von Bord zu werfen. Wenn es dann auch noch materielle Probleme sind, die uns Ängste bringen, wird es Zeit, das Problem bei der Wurzel zu lösen und wenn Sie es nicht alleine können, dann holen Sie sich dazu die bereits erwähnte adäquate Hilfe.

Ich kann auch hier aus etlichen Fällen berichten und sagen, dass wirklich jedem Menschen geholfen werden konnte, der sich helfen lassen wollte. Sicherlich waren die Lösungen nicht immer ganz einfach, aber nachhaltig gesehen dann doch das Beste, was man zur Lösung beitragen konnte. Letztendlich waren aber die Probleme vom Tisch und die Betroffenen konnten wieder glücklich nach vorne schauen.

Ehrlichkeit ist ein weiterer Schlüssel zum Erfolg, denn nur wenn Sie in jede Richtung ehrlich sind und bleiben, werden Sie auch Lösungen anziehen.

Es ist immer wieder das magische Gesetz der Anziehung, was viele andere namhafte Schriftsteller schon bereits geschrieben haben. Was ich denke und lebe, ziehe ich an!

Einige Menschen zweifeln immer wieder an dieser Aussage und finden tausende von Gründen, warum sie bei ihnen gar nicht funktioniert hat.
Doch wenn man sich gerade mit diesen Menschen näher beschäftigt, findet man sehr oft leider viele Lebenslügen, die diese Anziehung auch immer wieder regelrecht verhindern. Aus diesem Grund sollten Sie den Besen nehmen und vor Ihrer eigenen Person kehren und nicht auf die Meinungen von anderen hören. Sie ganz allein, Sie müssen sich selbst aufstellen und dem Leben mit Liebe, Vertrauen und Ehrlichkeit begegnen.

Wissen ist Macht und danach muss man auch handeln, denn jede Schwierigkeit, die wir auf welche Art auch immer meistern, stärkt uns in unserem Selbstvertrauen und bringt uns vor allem Mut, Kraft und Optimismus.

Es war nie mehr Anfang, als es jetzt zu tun.

Sie werden erst dann ein zufriedenes Leben führen, wenn Sie sich selbst nicht mehr als Opfer, sondern als eine Art von Gewinner sehen.
Die Angst ist immer ein schlechter Begleiter und Ratgeber.

Sie selbst können negative Gedanken immer wieder stoppen und den Zugriff auf Ihre Gedanken untersagen.

Das kann man machen, in dem man sich sofort darüber bewusst wird und sich sagt, „Verschwindet – für euch ist kein Platz, denn ich ersetze euch durch positive oder erfreuliche Gedanken an etwas anderes."
Je konzentrierter Sie an der Verwirklichung Ihrer Ziele arbeiten, umso weniger Platz hat Ihr Geist für negative Gedanken und Vorstellungen.

Eine ausgewogene Entspannung oder auch Meditation, vertreibt gleichermaßen Ängste und gibt Ihnen dazu auch innere Kraft, eine echte Geborgenheit und ganz wichtig, einen inneren Frieden.

Die Gedanken lassen es zu, dass Sorgen und Ängste uns immer wieder lähmen wollen. Dabei erkennen wir oft erst sehr viel später, dass viele Ängste und Sorgen völlig unbegründet waren. Erkennen kann man das gut, wenn wir uns mal alles aufschreiben, was uns Angst macht oder uns besorgt. Wenn man sich diesen Zettel dann nach einigen Wochen oder Monaten wieder anschaut, wird man meist feststellen, dass fast nichts davon Wirklichkeit geworden ist.

Der Grund dafür liegt daran, dass wir uns angewöhnt haben, immer erst einmal das Schlimmste anzunehmen und zu denken. Gedanken bringen immer Vorstellungen mit, die unser Unterbewusstsein mit Bildern aufnimmt und uns dann darauf Reaktionen zurück gibt, wie auch die Angst!

Wieder gibt es jetzt die Kritiker, die an dieser Stelle sagen werden, dass alles was sie gedacht und befürchtet haben, doch so auch gekommen ist.

Natürlich ist es so gekommen, Sie haben es ja gedacht und somit auch erwartet!

Entschuldigen Sie mich bitte, wenn ich mich an dieser Stelle wiederhole, aber das muss leider sein.
Wenn ich bewusst befürchte, dass etwas passieren wird, dann passiert es auch, denn die Zeit wird kommen, wo ich Fehler mache oder Unaufmerksam werde, was dann zu Reaktionen führen wird.

Freitag der 13. ist immer wieder toll anzuschauen. Es gibt Menschen, die haben eine solch große Angst vor dem Tag, dass sie deshalb an diesem Tag nur im Bett bleiben. Wenn dann noch in den Medien ein paar dramatische Ereignisse erzählt werden, sind sie glücklich, dass sie alles richtig gemacht haben.

Andere Menschen können sich diesen Urlaubstag im Bett nicht erlauben und stehen schon mit den Gedanken auf, dass sie sehr vorsichtig sein müssen, schließlich ist dieser Tag ja „immer" ein Tag, an dem etwas passiert.

Auch dieser Tag ist nur eine Form des Glaubens.

Wenn ich mit diesen Gedanken in den Tag gehe, dann wird automatisch etwas passieren! Ich bin dann ja so mit meinen Gedanken in dem Negativen, dass ich mich selbst gar nicht bewusst auf das wesentliche, nämlich dem wirklichen Leben, konzentrieren kann und ziehe regelrecht etwas Negatives an.

Fragen Sie sich doch einmal, warum es auch viele Menschen gibt, für die dieser Tag der ultimative Glückstag ist und warum diesen Menschen an diesem Tag „immer" etwas ganz tolles passiert?

Wenn ich das will, suche ich mir jeden Monat einen Tag aus dem Kalender meines Lebens, wo irgendwann einmal etwas negatives eingetreten ist und über die Summe der Jahre stelle ich dann fest, dass an jedem Tag schon etwas passiert ist und ich eigentlich nur Pechtage habe.
Zum Glück macht das wohl kein Mensch, aber so entsteht Pessimismus.

Wir sind in unseren Köpfen und Denkweisen teilweise so oberflächlich geworden, dass wir die vielen kleinen Glücksmomente schon gar nicht mehr bewusst erkennen und sie damit dann auch nicht wahrnehmen. Allerdings etwas schlechtes, das speichern wir leider sofort ab und überlagern es.
Deshalb gibt es auch die Sorte von Menschen, die nicht mehr wissen, wann ihr Hochzeitstag ist, aber sie wissen sofort, wann ihr Auto irgendwann einmal kaputt gefahren wurde.

Ich möchte Ihnen hierzu ein kleines Beispiel geben.
Es gab im Februar einen Sonntag, an dem ganz toll die Sonne schien und mich meine Lebensgefährtin kurz entschlossen nach Düsseldorf entführte, um dort am Rheinufer entlang zu schlendern und danach bei einem tollen Konditor noch etwas Leckeres zu genießen.

Auf dem späteren Weg nach Hause, fing dann ihr Auto an zu spinnen und am nächsten Tag ergab sich, dass ihr Wagen einen Motorschaden hatte.

Was glauben Sie, haben wir nun gespeichert?

Es wird immer Menschen geben, die nur den Wagen oder den Schaden im Kopf behalten werden.

Wir ganz sicherlich nicht!

Weil wir einen wunderschönen gemeinsamen Nachmittag miteinander verlebt hatten, an den wir uns gerne zurück erinnern, denn herzliche Gemeinsamkeit lässt sich nicht materiell entwerten, wenn man gelernt hat, das Glück zu sehen und in sich aufzunehmen.

Es gibt einfach keinen schöneren Tag, als den, der das Herz eines Menschen berührt hat. Unabhängig von jeglichem Stress und fernab von allen Sorgen und Ängsten.

Wenn Sie es gelernt haben, dass es nichts wichtigeres und schöneres gibt, als einen Tag, der Sie herzlich und glücklich berührt, dann sind Sie schon einen Schritt weiter, um Ihren Gedanken nicht ständig neue Ängste und Sorgen vorzulegen.

Gehen Sie an jede Sache Schrittweise heran und konzentrieren Sie sich dabei immer auf das wesentliche. Auf diese Weise lösen Sie sich von Stress und werden bald feststellen, dass Sie mehr geschafft haben, als vorher.

Gerade am Abend, wenn wir nicht mehr abgelenkt sind und der Körper zu Ruhe kommt, treten bekanntlich die größten Sorgen und Ängste wieder an uns heran und nicht selten sind schlaflose Nächte davon die Folge.

Manchmal gibt es sogar dann noch die berüchtigten Panikattacken, vor denen Betroffene noch zusätzlich eine Angst entwickelt haben. Diese Attacken fordern häufig wahnsinnig viel Kraft und hinterher fühlt sich der Körper an, als wenn wir einen Marathon mitgemacht haben, denn wir sind müde, ausgelaugt und leer. Daran erkennt man auch, wie intensiv uns unser Innerstes zu verstehen geben kann, dass uns etwas belastet.

Vorab gilt schon mal auch hier, wer davon betroffen ist und ständig in der Angst lebt, solch eine Attacke wieder zu bekommen, der wird sie auch ganz sicher wieder erleben. Wir warten ja schon förmlich darauf!
Zunächst einmal gilt es, wenn uns solch ein Zustand mal wieder aufgesucht hat, nachdem wir ihn ja eingeladen haben, dass wir ihm entgegen treten.

Nehmen Sie sich dazu ein Glas Wasser, gehen Sie zu einem geöffneten Fenster, stellen Sie sich bitte dazu auf beide Beine und fangen Sie ruhig und gleichmäßig an, die frische Luft tief ein und aus zu atmen. Zwischendurch trinken Sie bitte langsam und bedacht das Glas Wasser leer.
Dazu ist es natürlich wichtig, dass Sie Ihre Gedanken ändern und sich etwas positives vorstellen, damit Sie einen positiven Fluss in sich lassen.
Das können Sie gerne öfter wiederholen, sofern Sie das benötigen, aber im Grunde ist es wichtig, Ihre Gedanken

zu drehen, denn wer wirklich positiv und glücklich durch das Leben geht, der hat auch keine Panikattacken.

Also, was wollen Sie jetzt in der Zukunft?

Insgesamt kann man auch hier noch viele wunderbare Entspannungsmethoden für sich anwenden, die einen danach wunderbar schlafen lassen.

Egal, ob Sie sich für ein gutes Buch entscheiden, Musik hören oder an Ihrer Atemtechnik arbeiten, ein jeder entscheidet für sich selbst, was ihm dabei am besten hilft.

Wichtig ist aber vor allem auch, dass der Körper immer mit ausreichend Flüssigkeit versorgt ist und noch einmal, damit ist kein Alkohol gemeint, der im übrigen auch die Panikattacken verstärkt. Sehen Sie zu, dass Ihr Körper in solch einer Zeit die geforderten zweieinhalb Liter oder unter Umständen auch mehr bekommt.

Reden war und ist immer der beste Schlüssel zum Erfolg!

Suchen Sie sich mehrere Gesprächspartner, mit denen Sie Ihre Ängste, aber auch Sorgen und Belastungen in Ruhe besprechen können.
Ein einzelner Gesprächspartner wird Ihnen meistens auch nur eine Antwort geben können, während mehrere Teilnehmer unterschiedliche Denkweisen besitzen und für Sie somit auch verschiedene Lösungen oder Sichtweisen parat haben.

70

Schämen Sie sich nicht für Ihre Ängste oder was auch immer Sie bedrückt. Glauben Sie mir, es gibt niemanden auf der Welt, der von sich wirklich ehrlich behaupten kann, er hätte nicht auch schon in der ein oder anderen Situation gesteckt. Viele vergessen nur einfach, wie sie es aus diesem Zustand geschafft haben oder wer ihnen dabei heraus geholfen hat.

Gerade Männer tun sich damit schwer, schließlich wollen sie immer die starken Helden des Alltags sein und geben nur sehr ungern mal einen Misserfolg zu, den sich viele dabei auch noch schön versuchen zu reden.

Im Grunde unseres Kerns, sind allerdings die Emotionen zwischen Frau und Mann gleich gestellt und gelagert. Eine Frau kann genauso hart sein, wie ein Mann und ein Mann kann genauso emotional schwach sein, wie eine Frau.

Es sind die Masken, die Menschen tragen, um sich nicht vollständig nach Außen zeigen zu müssen.

Nehmen Sie sich die Wahrscheinlichkeitsberechnung vor und vergleichen Sie die, mit Ihren eigenen Gedanken und Ängsten.

Beispiel dazu ist die bekannte Flugangst.

Viele Menschen freuen sich jedes Jahr auf ihren Urlaub, aber nicht wenige fangen bereits schon nach der Buchung an zu leiden, weil sie Angst vor dem Flug haben.

Die Angst, man könnte abstürzen, kann dann einen Betroffenen panisch werden lassen, was ich selbst einmal miterleben durfte.

Es war vor vielen Jahren auf einem Flug nach Griechenland, wo eine Frau unter erheblicher Flugangst litt.
Selbst die Besatzung war mit dieser Frau überfordert, die nicht nur erheblich nervös war, sondern auch ihren Partner immer wieder auf das Übelste beleidigte, weil er schließlich diesen Urlaub gebucht hatte. Nach ihrer eigenen Angabe, hatte sie bereits Beruhigungstabletten zu sich genommen, allerdings war ihre Angst dermaßen überlagert, dass sich keine Wirkung einstellen konnte.
Am Zielort angekommen, änderte sich schlagartig das Verhalten dieser Frau und sie entschuldigte sich unter heftigen Tränen für ihre Gemütszustände. Somit konnte auch sie dann einige Tage ihren Urlaub genießen, bis sich dann wieder die Zeit des Rückfluges näherte.
Erneut stieg in ihr die gleiche Angst auf und auch ihr Verhalten wurde wieder sehr nervös und gereizt.
Ich kam mit diesem Päärchen ins Gespräch und nahm mich der Angst dieser Frau an, indem ich zunächst begann, die Wahrscheinlichkeit mit einzubeziehen.

Fakt ist nämlich, dass Fliegen noch immer der sicherste Weg ist, um von A nach B zu kommen.
Die Wahrscheinlichkeit, auf der Straße mit in einen Unfall verwickelt zu werden, ist wirklich wesentlich höher, als einen Flugzeugabsturz zu erleben.
Fragen Sie sich doch mal selbst, wann Ihnen bewusst oder bekannt ist, dass eine Maschine aus dem europäischen Flugraum irgendwo abgestürzt ist?

Stellen Sie sich weiter vor, wie viel Menschen jährlich mit dem Flugzeug fliegen und wie viele Autos in einem Jahr unterwegs sind.

Wenn man das Wissen noch zusätzlich hat, dass ein Flugzeug auch ohne Triebwerke noch etliche Kilometer weiter fliegen kann und auch die Piloten sehr geschult sind und natürlich leben möchten, kann uns das schon sehr beruhigen.

Für diese Frau war dieses Gespräch jedenfalls sehr hilfreich, so wie auch noch die Informationen zu einigen Entspannungsübungen und für mich nicht überraschend, es wurde ein sehr guter und ruhiger Rückflug.

Wer zusätzlich noch unter Höhenangst leidet, sollte sich keinen Fensterplatz geben lassen und sich lieber in die Mitte oder nach Innen setzen. Dazu hilft es auch, wenn man sich ein Buch mitnimmt oder seine Lieblingsmusik hört oder sich auch auf das Bordleben, mit seinen Abwechslungen konzentriert. Darüber hinaus bietet zum Beispiel auch die Lufthansa eigene Seminare zum Thema Flugangst an.

Werden Sie ein hoffnungsvoller Optimist!

Auch wenn Sie selbst von sich sagen, dass Sie doch schon längst voller Optimismus und Hoffnung sind, so lassen Sie mich bitte anmerken, es kommt nicht darauf an, was Sie über Ihre Gefühlslage denken, sondern darauf, wie Sie diese wirklich empfinden!

Beides, Hoffnung und Optimismus, sind für uns wertvolle Elemente, die uns Kraft und Energie zuführen können.
Wenn es jetzt Menschen gibt, die auch solch eine Aussage bezweifeln, dann lassen Sie es mich ganz einfach mit den vielen Erkenntnissen aus dem Placebo-Effekt erklären.

In vielen Studien wurden Patienten sogenannte Placebos, also Scheinmedikamente verabreicht, natürlich mit einem gewissen Einfluss vorher auf den Heilungsprozess.
Placebos bestehen in der Regel einfach nur aus Wasser, Mehl und Zucker und können einfach keine Wirkung erzielen. Die meisten Menschen fühlten sich danach sofort wesentlich besser, was die Wirkung von Glaube, Hoffnung und Optimismus erklärt.
Das Leben kann sich positiv entwickeln, wenn wir an das Gute denken und glauben, was im übrigen sogar schon in der Bibel steht.
„Alles ist dem möglich, der glaubt." (Markus)

Stellen Sie sich doch wirklich mal ernsthaft die Frage, ob Sie ein Optimist sind?

Glauben Sie an das Gute in der Zukunft?

Wenn es der Fall ist, sind Sie schon einen großen Schritt weiter, Ihre Angst bald zu verlieren.
Wenn es nicht der Fall ist, sollten Sie anfangen, ein Optimist zu werden.

Wenn Sie morgens die Augen öffnen, sollten Sie beginnen, sich mit positiven, schönen, erfreulichen Gedanken zu beschäftigen.

Wenn Sie selbst auf den Misserfolg warten, werden Sie ihn auch anziehen.

Sobald wieder etwas Negatives kommt, besinnen Sie sich gezielt auf Dinge, die Sie schon positiv gestimmt haben und machen Sie sich bewusst, dass man nur Erfolg haben kann, wenn man nicht an den Misserfolg denkt!

Natürlich wird es auch weiter unangenehme Dinge geben, die Sie aber nicht runter ziehen sollten, sondern lernen Sie, dass hinter unerfreulichen Dingen, auch etwas erfreuliches stecken kann.

Im Jahr kann nicht jeden Tag die Sonne scheinen, denn die Natur braucht auch Regen, um seinen Wachstum zu fördern. Es muss Unwetter geben, damit der schlechte Baum sich entwurzeln kann und ein neuer Baum gepflanzt werden kann.
Ehrlich gesagt, ein sehr banales Beispiel, aber es zeigt uns doch, dass auch wir an Aufgaben wachsen können.

Und immer wieder sind es die Erfahrungen von Menschen, die mir an dieser Stelle sofort sagen würden, was daran schön sein soll, wenn ich zum Beispiel meine

Rechnungen oder Schulden bezahlen muss und was ich daran dann noch erfreuliches finden kann.

Ganz einfach, unabhängig davon, wie die Rechnungen oder Schulden entstanden sind, verringern oder erledigen Sie diese mit einer Zahlung und irgendwann sind sie nicht mehr da. Der Pessimist kann daran sicherlich nichts erfreuliches erkennen, der Optimist aber schon und der macht bereits Pläne, was er alles macht, wenn diese unangenehmen Dinge erledigt sind.

Noch wichtiger, er vergisst auch nicht, wo die einzelnen Rechnungen herkommen und wie sie entstanden sind. Vielleicht lässt nämlich die Entstehung einer Rechnung dann diese Menschen noch nachhaltig schmunzeln.

Lösen Sie sich vor allem vor weiteren Pessimisten, die bisher mit Ihnen ins gleiche Horn geblasen haben, denn die werden Sie natürlich immer wieder nach unten ziehen.

Holen Sie sich Ihr Selbstbewusstsein zurück!

Besinnen Sie sich darauf, wer SIE sind und vergleichen Sie sich nicht mit anderen Menschen. Es ist nicht wichtig, was andere Menschen von Ihnen halten oder erwarten, sondern einzig und allein, was Sie von sich halten, wie Sie sich selbst einschätzen und welche Erwartungen Sie an sich stellen!

JEDER Mensch ist etwas besonderes und kann etwas, was ein anderer Mensch nicht kann. Es gilt immer wieder, dass man sich darauf konzentrieren muss, denn Sie haben ein Recht darauf, Sie selbst zu sein.

Menschen werten sich sehr häufig selbst ab, weil sie etwas nicht so gut können, wie ein anderer oder sie auch nicht so „gut" aussehen.

Suchen Sie sich doch einmal Ihre Stärken!

Das geht sicherlich nicht, wenn Sie anfangen alles schlechte aufzuzählen, sondern wenn Sie sich darauf besinnen, was SIE persönlich ausmacht, mit allen Eigenschaften, die dazu gehören.

Versuchen Sie eher herauszufinden, was der Grund für Ihre Minderwertigkeitsgefühle war oder ist und warum Ihr Selbstwertgefühl so schlecht ist.

Analysieren Sie Ihre Ängste und schauen Sie mal genau, was sind eigentlich Ihre eigenen Ängste?

Bilden Sie sich zu all Ihren Ängsten und Problemen eine zweite oder sogar dritte, aber positive Meinung!
Das bedeutet, Sie drehen einfach mal alles rum und machen aus dem Negativen nun etwas Positives.

Schreiben Sie sich dazu mal alles auf, was Ihnen gerade einfällt und betrachten Sie dieses Stück Papier.

Lernen Sie stolz auf sich zu sein. Auf alles, was Sie tun und auf alles, was Sie ausmacht.

Setzen Sie sich kleine und große Ziele, wo Sie wirklich das Gefühl haben, dass sie diese erreichen möchten und vor allem auch werden.

Nehmen Sie sich mal Zeit für sich selbst, um in sich zu gehen. Manche Menschen tun das mit gezielten Entspannungstechniken, andere machen Yoga oder gehen spazieren, hören Musik, malen, lesen, egal was, aber tun Sie etwas für sich allein oder was IHNEN ganz allein wichtig ist.

Gerade dann, wenn Sie keinen Mitmenschen haben, der Ihnen täglich das Gefühl gibt, dass Sie etwas besonderes sind, ist es wichtig, dass Sie für sich einen Ausgleich bekommen, der Ihnen Stärke vermittelt.

Stellen Sie sich den täglichen Sorgen und Problemen und erkennen Sie es auch an, wenn Sie kleine Lösungen dazu erarbeitet oder schon erzielt haben.

Ehrgeiz ist sicherlich toll, aber er sollte angemessen sein und im Rahmen liegen.

Sich selbst zu achten, ist der erste Schritt dazu, dass man auch von anderen Menschen geachtet wird. Es sind Ihre eigenen Gedanken über sich selbst, wie Sie sich der Öffentlichkeit präsentieren.

Mangelndes Selbstvertrauen wird immer Ängste mit sich führen, von daher liegt es an Ihnen, an sich persönlich zu arbeiten.

Sicherlich weiß ich, dass man das alles nicht von heute auf morgen erreichen oder abstellen oder ändern kann. Rom wurde ja schließlich auch nicht in einer Nacht gebaut, deshalb üben Sie sich in Geduld.

Geduld, für viele Menschen teilweise ein Fremdwort, denn es ist bekanntlich sehr schwer, sich in Geduld zu üben.

Trotzdem ist es ein Lernprozess, denn das Leben wird uns immer wieder in die Knie zwingen, wenn wir keine Geduld lernen können.

Ich weiß sehr gut, worüber ich rede und schreibe und auch ich musste es lernen, was ich aber geschafft habe.

Letztendlich liegt es an den eigenen Zielen oder Wünschen und somit auch an der Verwirklichung, dass man die Einschätzung erlangt, dass es ohne die nötige Geduld nicht erreichbar sein wird.

Wer es dann irgendwann mal erlernt hat, wird feststellen, dass Geduld zu haben, eine sehr große Macht ist. Sie ist genauso groß, wie die Macht unserer Vorstellungskraft.

Wir haben alle soviele Wünsche in uns, aber wir tun uns selbst schwer, diese auch zu erfüllen.

Ist es die Angst, dass wir sie nicht erfüllen können? Oder die Angst, dass es viel zu lange dauern kann?

Viele Menschen verharren irgendwann in ihrer eigenen Wunschvorstellung und finden dann lieber irgendwelche Entschuldigungen, warum die Wünsche nicht wahr werden konnten.

Dabei vergessen wir meistens, dass für jeden Wunsch, genauso wie für jedes Ziel, ein Schritt nach dem anderen gemacht werden muss.

Man kann keinen Berg besteigen, wenn man sich nicht vorher gründlich auf alles vorbereitet hat.
Man kann kein Haus bauen, wenn man keinen Plan und kein Fundament gemacht hat.
Man kann keine Prüfung schaffen, wenn man sich mit dem Thema nicht auseinandergesetzt und vorbereitet hat.
Man kann kein Essen zubereiten, wenn man sich vorher nicht die Zutaten besorgt hat.

Alles erfordert kleine Schritte und man kann nicht alles auf einen Schlag erreichen. Natürlich gibt es immer Ausnahmen, allerdings sind dann sogar die nur selten von Erfolg gekrönt.

Dazu fällt mir immer wieder ein Lottogewinn ein. Natürlich kann ein Lottogewinner sich oftmals einige seiner Wünsche auf einen Schlag erfüllen, aber ohne es wirklich richtig zu planen, gehört er schnell ganz wieder zu denen, die recht bald alles wieder verloren haben.

Sie bauen sich auf und verlieren Ihre Angst, wenn Sie sich für alles einen realistischen Plan erstellen.
Wenn Sie lernen, dass jeder kleine Schritt nach vorne und damit zum gewünschten Ziel führen kann.
Wenn Sie die Geduld erlernen und einer Sache auch Zeit geben, denn jeder kleine Schritt ist schon ein Erfolg!
Wichtig dabei ist auch, dass Sie die Vorstellungen in sich erwecken. Diese muss so mächtig sein, dass Sie förmlich mitgerissen werden!

Auch eine ausgewogene Ernährung ist sehr wichtig, denn wer Hunger hat, ist auch ein anfälliger Kandidat für die Angst!

Essen und Trinken, wobei ich damit sicherlich wieder keinen Alkohol meine, sind für unseren Kreislauf sehr wichtig und je besser wir uns aufstellen, wir uns fühlen, umso klarer können wir auch nach vorne schauen.

Sport in Maßen, gerade Schwimmen, stärkt nicht nur den Kreislauf, sondern kann auch viel zum Wohlbefinden beisteuern. Es ist wichtig, dass Sie etwas tun, was Ihnen Spaß macht und wo Sie selbst bei merken, dass es Ihnen etwas bringt. Dazu gehört aber auch, dass Sie sich selbst einschätzen können und wissen, wo Ihre Grenzen bei den körperlichen Anforderungen liegen.

Mit jeder schönen, zufriedenen und glücklichen Erreichung eines Schrittes, was von uns ja bewusst aufgenommen wird, versorgen wir auch unser Unterbewusstsein, welches sich dieser Informationen bedient und einen Ausgleich schafft. Je mehr positive Nahrung dort ankommt, umso weniger können sich Ängste aufbauen.

„Vorbeugen ist der Weg, aber wir tun es nicht!"
Rüdiger Dahlke

Und damit hat er absolut Recht. Es gibt soviele Dinge und Möglichkeiten, etwas für uns zu tun, aber wir machen es nicht. Es gibt viele Bücher, aber wir lesen sie nicht, weil wir uns nicht die Zeit für uns selbst nehmen und andere Dinge als viel wichtiger ansehen.

Doch ganz ehrlich, was gibt es wichtigeres, als unser eigenes Leben?

Wenn wir die innere Ruhe und den Seelenfrieden finden wollen, genügt es nicht, sich in eine Ecke zu setzen und eben mal kurz zu träumen. Wir müssen lernen, mit uns selbst in aller Ruhe zu meditieren, Ruhe aufzunehmen und Unruhe treiben zu lassen. Meditieren heißt auch, neue Kräfte zu sammeln und genau das ist das Ziel.
Die Ruhe lässt uns vieles verstehen, in der Ruhe können wir denken und viele Dinge auf uns wirken lassen, damit wir mit Ruhe die Einsicht gewinnen, gestärkt nach vorne zu gehen.
Mit Beruhigungsmitteln oder anderen Medikamenten werden Sie diese Ruhe und Kraft nicht finden, auch wenn man Ihnen das suggestiert. Sie werden auf diesem Weg ganz sicher nicht den Kraftzuwachs erreichen können.

Jeglicher Ärger muss so bearbeitet werden, dass er Sie nicht mehr seelisch belastet und an dieser Stelle möchte ich Ihnen schon mal sagen, das funktioniert wirklich.

Ihre Seele ist es, die absolut gekräftigt sein muss und es sind Ihre Gedanken, die der Seele die Nahrung gibt, damit Ängste verschwinden können.

Ihre Gesundheit und Ihr Wohlempfinden müssen in einem guten Zustand sein!

Seltsamerweise achtet die Mehrheit der Menschen mehr auf ihr Haus oder das geliebte Auto, als auf sich selbst. Wenn an dem Auto etwas ist, fährt man damit in die Werkstatt und es wird repariert oder eine Inspektion gemacht, nur die wenigsten Menschen machen das auch bei sich selbst. Dafür sind wir auch grundsätzlich bereit Geld auszugeben, ohne darüber nachzudenken, dass auch unser Körper eine intensive Pflege benötigt und damit meine ich sicherlich nicht die tägliche Dusche oder das Bad.

Man ist sich schon gar nicht mehr darüber bewusst, was unser Körper eigentlich jeden Tag leisten muss, denn es wird einfach als selbstverständlich hingenommen, was ein großer Trugschluss sein kann.

Irgendwann kommt dann nämlich vielleicht der Tag, wo der Körper seine Mängel hat, die er ganz unterschiedlich an den Tag bringt. Sei es in Form von irgendwelchen Schmerzen oder aber auch in der Form von plötzlichen Ängsten.

Es ist wie mit allem im Leben, wenn wir langfristig von einer Sache etwas haben möchten, müssen wir dafür was tun.
Pflanzen werden gegossen, Häuser instand gehalten, Autos werden regelmäßig nach Öl, Luft und Wasser kontrolliert und was ist mit Ihrem Gesundheitszustand?

Die meisten Menschen gehen in der Regel erst dann zum Arzt, wenn sich Beschwerden eingeschlichen haben und erwarten dann dort die Wunder. Ein großer Irrtum, denn dann befinden wir uns wieder in dem Kreislauf, den ich bereits erwähnt habe. Sie bekommen Medikamente, die vielleicht Ihre Beschwerden lindern, aber nur in den seltensten Fällen wird auch die eigentliche Ursache behandelt, die für Ihre Angst die wirkliche Rolle spielt.

Wenn sich der Körper erst gemeldet hat, ist der Schaden nicht selten groß. Deshalb ist es immer wieder Ihre eigene Einstellung zu sich selbst, wie weit Sie etwas für sich tun, damit Ängste in Ihrem Leben keinen festen Platz bekommen können.

Das Denken haben wir uns angewöhnt und es liegt an uns, unserem Denken eine Veränderung zu geben.
Wir müssen uns bewusst werden, dass unser Denken die Weichen für alles stellt, was in unserem Leben passiert und unser Unterbewusstsein im wesentlichen beeinflusst.

Unsere Gedanken haben eine Energie von unstellbarer Größe und Kraft und wir können entscheiden, ob wir uns positiv oder negativ mit Gedanken versorgen wollen. Wir können uns bei allem Denken auf Misserfolg oder Erfolg programmieren.

Immer wieder und in diesem Punkt muss ich mich einfach wiederholen, ist es das magische Gesetz der Anziehung – Was wir denken, ziehen wir an!
Früher oder später, aber es kommt!

Positive Gedanken und Vorstellungen sind der erste Schritt, um nicht nur selbst positiv zu werden, sondern das sich unser Leben auch positiv gestalten kann und wir unsere Ängste verlieren.

Positiv denken bedeutet, absolut realistisch nach vorne zu denken, ohne negative Vorstellungen und dann unser Ziel im Auge zu behalten, wobei das natürlich auch wirklich erreichbar sein muss. Je besser und klarer unsere eigene

Zielvorstellung ist, umso wahrscheinlicher ist es auch, dass wir sicher dort ankommen.
Es erfordert aber auch, dass wir ab und zu mal lernen, NEIN zu sagen.
Nicht nur gegenüber unseren Mitmenschen, sondern auch gegenüber unseren Gedanken! Dabei muss sich jeder im klaren darüber sein, dass sicher nicht der Anfang dieses Denkens belohnt wird, sondern grundsätzlich immer das Durchhaltevermögen!

Dieses Denken ist sicherlich gerade am Anfang oftmals nicht leicht, aber es ist der Schlüssel zum Erfolg. Wir müssen lernen, dass auch das Unangenehme oder die Schmerzen uns letztendlich erkennen lassen werden, dass es Hilfen zum positiven Denken sind.
Pessimisten oder Bequemdenker, werden sich daran ganz sicherlich sehr schwer tun, aber jeder kann es lernen, wenn er es wirklich will.

Wir müssen uns befreien, von allem, was uns runter zieht oder was für uns schädlich geworden ist, auch wenn das bedeutet, von einigen Mitmenschen loslassen zu müssen, denn gerade sie sind es, die immer wieder einen sehr großen Einfluss auf uns und unsere Gedanken haben. Bei heranwachsenden Kindern maßen wir uns noch oftmals an zu sagen, welcher Umgang für sie gut oder schlecht ist, aber bei uns selbst sehen wir das sehr oft schon gar nicht mehr, vor allem nicht bei den vielen Menschen, die uns mit einer Maske entgegen treten.

Denken Sie immer daran, SIE haben sich selbst alles antrainiert und angeeignet und nur Sie selbst können sich das alles auch in eine andere Richtung trainieren, denn Sie sind Ihr eigener Trainer für Ihre Gedanken!

Je mehr wir unserer Angst eine Achtsamkeit geben und uns mit ihr positiv, sowie realistisch beschäftigen, umso weniger Kraft kann sie entwickeln und wird sich fast von allein in uns verabschieden.

Sie entscheiden, was Sie denken und glauben wollen!

Sie entscheiden über sich selbst und über ihre Gedanken!

Lassen Sie sich nicht einengen, hören Sie sich einiges an und bilden Sie sich dann Ihre eigene Meinung und Wahrnehmung, denn das ist entscheidend über den Verlust Ihrer Angst!

Angst und Krankheiten!

Wer ständig mit der Angst lebt, irgendwann Krank zu
werden, wird meistens auch Krankheiten anziehen.
Wieder ist es das Gesetz der Anziehung.
Sicher gibt es auch Menschen, deren Aussage ich mir an
dieser Stelle denken kann.
„Ich habe immer positiv gedacht und bin trotzdem
erkrankt!"

Natürlich ist niemand vor einer Krankheit gefeit, wenn
sie einen aufsucht, dann muss man lernen, mit der
jeweiligen Krankheit zu leben oder sie annehmen und ihr
dann zielgerecht entgegen treten.
Auch hier spielt der Faktor Angst wieder eine bedeutende
Rolle, denn viele Menschen lassen sich nicht selten aus
Angst gehen oder resignieren einfach.
Und wieder muss man unterscheiden, ist es eine bewusste
oder unbewusste Angst, die dafür zuständig ist?

Bewusst würde bedeuten, dass man aus Angst vor den
weiteren Folgen Angst hat, obwohl wir ja den Ausgang
in den meisten Fällen noch gar nicht klar erkennen
können.
Schon oft haben Betroffene einen Ratschlag bekommen,
sich doch mit der jeweiligen Diagnose noch einmal an
einen anderen Spezialisten zu wenden und das Ergebnis
war dann doch eher zurückhaltend.

Entweder lies man sich wirklich gehen oder man fand
genug Ausreden, um einen anderen Facharzt erst gar
nicht zu konsultieren.

Stören Sie sich bitte nicht an dem Wort „Ausreden", denn ich weiß, die Wahrheit tut manchmal weh.

Fakt ist jedenfalls, es gab natürlich auch schon viele Menschen, die solch einen Rat befolgt haben und denen tatsächlich noch geholfen werden konnte. Sei es in der Form einer wesentlichen Verbesserung oder sogar, dass sie wieder gesund geworden sind. Ich habe dazu wirklich ausreichend Erfahrungen gemacht, die meine Aussage stets bekräftigen.

Jeder Versuch macht klug und selbst wenn sich dann drei Ärzte einig sind und sich wirklich nichts an der Diagnose verändern lässt, dann hat man zumindest eine Erkenntnis und braucht sich diesbezüglich auch nichts vorwerfen zu lassen.

Bei dem Unterbewusstsein sieht es da schon wesentlich anders aus, denn wie schon angemerkt, keiner kann sein Unterbewusstsein manipulieren, denn es reagiert auf alles, was es als Eindrücke, Erfahrungen und Erlebnisse bekommt.

Es gibt eine ganze Reihe von Menschen, die nach außen jedem anderen zeigen und vermitteln, dass es ihnen gut geht und bemerken dabei auch immer wieder selbst, dass sie stets positiv denken.

Wenn man sich dann mal mit dieser Sorte Mensch über die bekannten Vorsorgeuntersuchungen unterhält, die ja jeder in bestimmten Zeitabständen machen sollte, bekommt man wiederum nicht selten als Antwort, dass es viele aus Angst vor einem positiven Ergebnis nicht tun.

Eine kleine Anmerkung zu dem Wort „positiv": Wenn ein Befund etwas ergibt, nennt man dieses Ergebnis in der Fachsprache „positiver Befund".

Das Unterbewusstsein bekommt also ständig eine Angst vermittelt, auch wenn sich der Mensch darüber gar nicht bewusst ist.

Es gibt Menschen, die für sich schon im jungen Alter eine Immobilie erwerben, die später Rollstuhl- oder Behindertengerecht sein soll. Was glauben Sie, was diese Menschen später mal benötigen werden?

Ich sage, zumindestens schon mal einen Rollator, denn wenn ich heute schon daran denke, wird das klar sein.

WIR sind es selbst, die dem Körper immer wieder die Signale geben, ob wir nun gesund bleiben oder krank werden.

Ich selbst komme ja auch mit vielen Menschen in Kontakt und sehr oft hat die Grippewelle zugeschlagen. Dann bekomme ich immer wieder zuhören, aber bitte stecken Sie sich nicht an.

Wie denn?

Ich habe mich weder impfen lassen, noch bin ich ein Übermensch, aber ich habe mich innerlich aufgestellt und mir gesagt, dass ich keine Grippe in mich lasse und inzwischen habe ich seit neun Jahren auch keine mehr bekommen. Meine Krankheit von damals habe ich besiegt und auch ihr geschworen, dass sie bei mir keinen Einzug mehr erhält.

Durch meinen Beruf habe ich zu vielen Menschen Kontakt bekommen, die ganz unterschiedlich erkrankt waren und ich übertreibe wirklich nicht, wenn ich jetzt sage, dass alle, wirklich alle wieder gesund geworden sind oder eine wesentliche Verbesserung ihrer Lage bekommen haben.
Natürlich habe ich einen großen Anteil daran, aber es waren doch immer die Menschen selbst, die an mich geglaubt haben und positiv nach vorne gedacht und geschaut haben. Sie alle haben mir vertraut und was noch viel wichtiger ist, auch sich selbst.

Die Mehrheit der Menschheit ist in dem Glauben, dass eine Krankheit mehr oder weniger Zufall sei und es dafür ja zur Not noch Ärzte und Medikamente gibt. Doch die eigentliche Verantwortung für unsere Gesundheit liegt bei uns selbst! Solange wir dem materialistischen Leben nachgehen, dem Glück und der Liebe nachjagen, werden wir nur sehr selten das eigentliche LEBEN genießen können, denn das geht wirklich nur, wenn wir uns bester Gesundheit erfreuen und uns positiv entwickelt haben.

Ich habe im Jahr 2009 meine Autobiographie mit dem Titel: „Leben, auch wenn's weh tut!" veröffentlicht. Viele LeserInnen haben mich daraufhin angeschrieben und mir mitgeteilt, wie traurig sie darüber waren, dass ich das erleben musste und bewunderten mich für meine Stärke.

Ich dagegen sage heute, dass ich daran gewachsen bin und nur durch das Erlebte zu dem Menschen geworden bin, der sich heute öffentlich präsentiert.

DAS ist der Grund, warum ich nämlich schreiben kann, dass der Mensch lernen kann, sich erneut aufzustellen, um positiv nach vorne gehen zu können. Ich musste es auch lernen und habe es geschafft!

Wenn man das Schlechte nicht kennt, kann man sich an dem Guten nicht erfreuen.

Wenn man auf etwas wartet, hat man ganz bestimmte Erwartungen und wird sehr oft enttäuscht.

Wenn man etwas sucht, wird man irgendetwas finden, aber ist es dann auch das, was wir wirklich wollten?

Nein, denn wenn wir uns aufgestellt haben, erwarten und suchen wir nichts mehr, sondern denken positiv nach vorne und werden dann plötzlich feststellen, dass alles das passiert, was wir uns wirklich gewünscht und woran wir auch immer fest geglaubt haben.

Wir haben unsere eigene Kraft nicht einfach irgendwo hin verschwendet, sondern sie in uns gelassen, entfaltet und sind dafür belohnt worden. Kraftverlust bedeutet nämlich auch, dass man anfällig wird und Krankheiten an uns heran treten können.

Nicht selten habe ich schon gehört, dass es vollkommen normal sei, im Alter auch zu erkranken.

Für mich doch eher eine sehr fragwürdige Aussage!

Der Schlüssel für das erfolgreiche Leben ist nämlich ganz sicher nicht an irgendein Alter gebunden, sondern

liegt in unserer Einstellung zum Leben, der Lebensfreude und der Lebensbejahung, sowie auch in der Vitalität, die natürlich vorhanden sein muss.
Vital zu sein, heißt es auch zu bleiben und dafür kann jeder etwas tun, sofern er das will.

Die Angst ist nicht selten im Gepäck, dass der Mensch im Alter mal krank sein wird oder sogar ein Pflegefall werden kann.

Warum also diese Gedanken?

Warum nicht positiv nach vorne denken und sich klar sagen, ich möchte noch mit neunzig Jahren mit meinem Partner durch die Stadt bummeln und zwar ohne jegliche Hilfsmittel?

Die Gesetze der Natur gibt es schon seit unzähligen Jahren, da gab es noch gar keine Pharmaindustrie und doch tun sich sehr viele Menschen sehr schwer damit, sich mit dem Thema Natur zu beschäftigen, natürlich aus Bequemlichkeit, versteht sich! Doch Ängste und Krankheiten sind mein Steckenpferd und mich haben nicht nur die traditionellen Heilmethoden in unserem Land interessiert, sondern auch die aus fernen Ländern und glauben Sie mir, es ist ein Wahnsinn, was es da alles gibt, was den Menschen helfen kann.

Zum Glück kann man heutzutage feststellen, dass es auch immer mehr Ärzte gibt, die ihre Einstellung zu der alten Schulmedizin überdenken und genauso in diese Richtung schauen, um den Menschen adäquat helfen zu können.
In der Masse sicherlich selten, aber es gibt sie doch.

92

Trotzdem sind wir es selbst, die unseren Körper pflegen müssen. Wir müssen ihn richtig ernähren, wir müssen richtig atmen, wir müssen ihn richtig bewegen, wir müssen richtig denken, wir müssen ihn richtig aufstellen und erst dann, werden wir vieles erkennen. Danach haben dann Ängste sicherlich keinen Platz mehr in uns.

Wir tun einfach soviel, wo wir verlernt haben, auch richtig darüber nachzudenken! Ein entscheidender Punkt ist nämlich wirklich unsere Ernährung. Heutzutage gehen die Menschen in einen Discounter und lassen sich von den Produkten inspirieren und kaufen sie.

Wir essen Produkte die uns optisch ansprechen, ohne auch nur einmal darüber nachzudenken, was in dieser Nahrung eigentlich wirklich drin steckt. Hauptsache, wir sind satt geworden und es hat uns geschmeckt.

Auch hier darf ich sagen, dass ich früher sicherlich nicht anders war. Allerdings habe ich heute meine Ernährung komplett umgestellt, was einfach bedeutet, dass ich nun gesünder koche und esse und kann sagen, dass ich mich wesentlich besser fühle. Manchmal braucht man auch dazu einfach einen neuen Denkanstoss und den Willen, es für sich selbst auszuprobieren.

Mensch sein, Mensch bleiben, auch ich habe alles erlernt und bin heute ein Mensch, dem es nicht nur körperlich, seelisch und gesundheitlich gut geht, sondern der für die negativen Dinge und auch Ängste keinen Platz mehr im Leben hat.

Es sind Ängste jeglicher Art, die wir realistisch von uns verabschieden müssen und deshalb möchte ich Ihnen an dieser Stelle noch einmal einige der meist bekanntesten Ängste aufführen, allerdings nicht, ohne Ihnen auch etwas zu den einzelnen Ängsten zu schreiben.

Ängste vor Tieren, (Spinnen, Mäuse, Schlangen, etc.)

Wie schon beschrieben, gilt in diesem Punkt die innerliche Einstellung dazu. Natürlich kann ein Mensch sagen, dass er einige Tiere einfach nur eklig findet und deshalb auch keinen Bezug dazu haben möchte.
Doch was ist die Angst?
Das die bei uns üblich lebende Spinne mich beißt oder die Maus mich eventuell erwürgt?
Entschuldigen Sie an dieser Stelle meinen Spaß, aber ich möchte Ihnen einen besonderen Bezug zu diesem Thema eröffnen.
Viele Menschen haben vor Tieren Angst, weil sie in dem Glauben sind, diese Tiere könnten uns in irgendeiner Form schaden.
Menschen die im Urlaub nicht in das Meer baden gehen, weil sie Angst vor irgendwelchen Meerestieren haben.
Oder die im Glauben sind, auch eine Würgeschlange könnte giftig sein.

Es liegt an uns, welche Gedanken wir in uns lassen und vor allem, wie realistisch wir dabei bleiben.

Was machen denn andere Menschen in der gleichen Situation und wie gehen sie damit um?

Gerade in einem ungefährdeten Meer spielen und schwimmen hunderte von Menschen, welches Tier sollte uns da also gefährlich werden können?

Wie realistisch ist es, dass mir bei einer Wanderung im Wald eine Schlange entgegen kommt, die mir etwas böses tun will?

Was kann ich wirklich tun, wenn ich eine Maus im Keller habe, die dort unerwünscht ist?

Ich brauche mich also nur realistisch mit den einzelnen Problemen oder Ängsten auseinandersetzen und schon bekomme ich realistische Lösungsvorschläge, bis hin zu Adressen, an die ich mich mit meiner Phobie wenden kann, WENN mir das wichtig ist und ich mich davon befreien möchte.

Prüfungsangst

Die Prüfungsangst ist weit verbreitet und ist auch lösbar, wenn man sich mit der eigentlichen Aufgabe wirklich ausreichend beschäftigt hat und sein Selbstbewusstsein wieder in sich lässt.

Wer sein Hausaufgaben, also alles, was für eine Prüfung erfoderlich ist, ausreichend und gut gemacht hat, der wird sie auch bedenkenlos meistern.

Dazu mal ein kleines Beispiel:
Wenn Sie dreißig Vokabeln aufsagen müssen und alle Vokabeln wirklich im Kopf haben, werden Sie von sich überzeugt sein und mit einem Lächeln diese Kleinigkeit meistern.

Wenn Sie aber merken, dass vielleicht nur die Hälfte sitzt, machen Sie sich schon wieder Gedanken darüber, ob Sie diese Prüfung nun schaffen.

Das Fazit bedeutet, Sie müssen sich vorbereiten, was also machbar ist und Sie müssen das negative Denken sein lassen, sondern zu sich selbst innerlich, sowie äußerlich sagen, dass Sie diese Prüfung ganz sicherlich bestehen werden.

Und unterlassen Sie die Zweifel, denn alles was Sie denken, wird auch kommen!

Platzangst

Die Platzangst hat Gründe und Ursachen und diese gilt es, sie an der Wurzel zu behandeln.
Zum einen kann man sich hier adäquate Hilfe holen, um an die eigentlichen Ursachen zu kommen, zum anderen kann man auch selbst sehr viel dafür tun, in dem man sich selbst neue Ziele setzt.

Ein Ziel wäre es zum Beispiel, langsam und bedacht, sich immer mehr diesem Problem realistisch zu stellen, an sich selbst zu arbeiten, in dem ich mich immer mehr etwas wage, was mir sonst erhebliche Angst bereitet hat. Das kommt natürlich auf Ihre Angst an, die man nicht verallgemeinern kann.

Wie gesagt, es kommt immer auf IHREN eigenen Willen an und was SIE selbst wirklich erreichen wollen.

Flugangst

Zu diesem Thema bin ich bereits im Buch eingegangen.

Höhenangst

Auch diese Art von Angst ist lösbar.
Zum einen kann man sich auch hier adäquate Hilfe holen,
da es wirklich viele Fachleute gibt, die sich auf diesem
Gebiet spezialisiert haben und mit Ihnen eine bestimmte
Verhaltenstherapie machen können.
Zum anderen gilt auch hier, langsam und bedacht, sich
immer mehr diesem Problem realistisch zu stellen, an
sich selbst zu arbeiten, in dem ich mich immer mehr
etwas wage, was mir sonst erhebliche Angst bereitet hat.
Das kommt natürlich auf Ihre Angst an, die man nicht
verallgemeinern kann.

Sie können mit einer Drei-Stufen-Leiter anfangen und
nach oben, sowie der Höhe sind dann keine Grenzen
gesetzt.
Das ganze nennt man dann eine Konfrontationstherapie
und je mehr Sie dieses trainieren, umso schneller werden
sich Ihre Ängste verabschieden.

Es wird aber immer Ihr Engagement und Ihr Willen sein,
der dafür verantwortlich ist, ob Sie diese Art von Angst
lösen können.

Angst vor dem Autofahren

Diese Angst hat auch eine tiefe Ursache, meist ein Erlebnis, was einen Menschen dann heute noch sehr beschäftigt und Ängste schürt.

Dabei kann man auch diese Angst einfach abtrainieren, in dem man sich wieder an diese Aufgabe heranwagt. Vielleicht erst einmal mit einem Fahrlehrer, der einem Betroffenen dann zur Seite sitzt und damit die nötige Sicherheit vermittelt und dann ist es sicherlich die Fahrpraxis, die Ihnen langfristig die Angst nehmen wird.

Sie können natürlich auch ein Tagestraining oder sogar ein Wochentraining dafür absolvieren, damit Sie diese Angst schnell verabschieden können.

Übung macht den Meister.

Angst vor Menschen und Stalking

Auch hier muss die Ursache erarbeitet werden und dann in kleinen Schritten nach vorne gegangen werden.
Die Angst vor Menschen kann man wirklich in kleinen Schritten lösen, was bei Stalking etwas mehr erfordert, denn gerade bei Stalking muss man sich wehren und einem Menschen die nötigen Grenzen aufzeigen.
Sagen Sie dieser Person deutlich, dass Sie keinen Kontakt mehr wollen und reagieren Sie nicht mehr auf erneute Kontaktversuche. Wenn es keine Ruhe gibt, erstatten Sie eine Anzeige!

Reden Sie vor allem mit Ihrem Umfeld, wie auch mit Kollegen oder Vorgesetzten und schlucken Sie Ihr Wissen und die Belastungen nicht runter. Sie müssen handeln, in jede Richtung, damit keine Gewohnheit aufkommt.

Wichtig ist dann auch, dass Sie etwas für Ihr seelisches Gleichgewicht tun, deshalb ist es ratsam, sich einen geeigneten Therapeuten zu suchen.

Angst vor Nähe

Zuerst müssen wir uns selbst die Frage stellen, wie die Angst vor Nähe eigentlich überwunden werden kann. Es ist nämlich wichtig, sich selbst darüber klar zu werden, dass es mögliche Gründe für das eigene Verhalten gibt. Dafür ist unter Umständen eine Aufarbeitung des Lebens nötig, denn die Gründe liegen vielleicht sogar viel tiefer verborgen.
Tun müssen Sie allerdings etwas, damit Sie das Leben auch genießen können. Je besser Sie sich selbst wieder aufstellen und sich selbst auch positiv wahrnehmen können, umso schneller werden Sie diese Anst auch loswerden.

Angst vor Einsamkeit

Ihre Gedanken und Ihr Körper zeigen Ihnen, dass sie mit der derzeitigen Situation nicht einverstanden sind, also liegt es an Ihnen, etwas dagegen zu tun.
Schließlich kann uns auch diese Form von Angst körperlich sehr krank machen!

Deshalb müssen Sie Ihrem Leben einen Sinn geben, der Ihnen auch wirklich etwas bringt, was Sie erfreut. Das sollten natürlich Aufgaben sein, die wir nicht von einem Partner oder einer Beziehung abhängig machen dürfen.

Quälen Sie sich nicht mit den Fragen, warum Sie alleine sind, sondern stellen Sie sich erst einmal selbstbewusst vor den Spiegel und finden Sie die Liebe zu sich selbst wieder. Es geht nicht darum, weiter zu vereinsamen, sondern das Leben für sich selbst neu zu entdecken.

Machen Sie alles das, was Ihnen Spaß macht. Gehen Sie mal wieder raus und treffen Sie sich mit Freunden und Bekannten, um gesellige Stunden zu verleben und um Spaß zu haben.

Je mehr Sie Ihrem Leben den Sinn geben und sich selbst aufstellen, umso weniger werden sie auch einsam sein und Ihre Angst verlieren.

Angst vor der ANGST

Die Angst vor der ANGST bringt sehr oft auch die bereits aufgeführten Panikattacken mit sich und diesen gilt es sich zu stellen und sie nicht zu unterdrücken.

Wir müssen auch bei dieser Form von Erwartungsangst lernen, herauszufinden, was eigentlich unsere Ängste im wesentlichen sind und sie dann einzeln abarbeiten.

Wie das geht, habe ich ja bereits ausführlich geschrieben. Wichtig ist aber noch, dass wir keine Angst zu den einzelnen Panikattacken aufbauen, sondern auch diese annehmen, denn sie bedeuten auch, dass der Körper in Arbeit ist. Gleichzeitig ist es auch eine Warnung an Sie, dass Sie Ihrem Körper etwas Ruhe gönnen sollen. Panikattacken fühlen sich natürlich sehr unangenehm an, sie sind aber nicht lebensbedrohlich und je besser wir uns diesen Attacken stellen und ihnen entgegentreten, umso weniger werden sie uns noch aufsuchen und quälen können.

Es sind unsere Gedanken, die dafür sorgen können, dass sie bei uns keinen Einzug mehr erhalten!

Versagensangst

Auch hier muss man sich ernsthaft fragen, wer bestimmt eigentlich, ob eine Sache erfolgreich ist oder ob es ein Misserfolg war?

Haben Sie selbst eine hohe Erwartung an eine Sache, die für Sie nur dann erfolgreich ist, wenn sie sich erfüllt hat?

Dann müssen Sie Ihre Einstellung ändern, denn schon sind wir wieder bei der „Erwartung" und alles was ich erwarte, kann mich auch enttäuschen.
Es sind Ihre Gedanken, die mal wieder alles anziehen und ein weiser Mensch findet auch in der Nichterfüllung seinen Erfolg.

Wir sollten uns mit dem eigentlichen Problem realistisch befassen und wissen, dass zu jedem Erfolg auch ganz sicher der Misserfolg dazu gehört. Schließlich lernen wir daraus und nur dieses Wissen bringt uns weiter!

Ihr eigenes Selbstvertrauen muss gestärkt sein und zwar so sehr, dass Sie auch im Misserfolg noch lächeln können, denn es hat Sie dann wieder ein Stück weiter gebracht.

Jeder Versuch macht einen Menschen klug und wer es nicht versucht, wird sich auch kein Wissen aneignen können. Wir sind nicht auf die Welt gekommen und konnten alles, nein, wir mussten alles erst erlernen. Teilweise haben wir dabei sehr viele Fehler gemacht, die uns aber geformt und gestärkt haben.

Übung macht immer den Meister und nicht selten hilft es enorm, wenn man über die Dinge auch redet!

Sie wissen bereits, Angst frisst einen Menschen auf, Angst bringt sehr oft Krankheiten, Geschwüre und Probleme mit sich.

Nun liegt es an Ihnen, sich von Ihrer Bequemlichkeit und Ihrem negativen Denken zu verabschieden, um endlich das Leben bewusst und glücklich LEBEN zu können.

Sie müssen Ihre Gedanken in eine andere Richtung bewegen, damit Ängste keinen festen Platz mehr in Ihrem Leben bekommen.

DAS, was SIE denken, werden Sie auch anziehen!

Sie müssen sich andere Bilder vorstellen, die Ihnen positiv, aber auch realistisch aufzeigen sollen, dass Ihre Ängste keine Nahrung mehr bei Ihnen bekommen werden.

Dazu hilft es manchmal auch, wenn sie sich andere Personen vorstellen, die nun mit Ihrer Angst zu leben haben, um dann zu sehen, wie sie dann mit der jeweiligen Situation und Lage umgehen.

Wenn Sie das lange genug getan haben, wechseln Sie diese Person aus und spielen nun selbst wieder die Hauptrolle. Natürlich funktioniert das nur, wenn Sie die jeweiligen Situationen frei von Angst durchspielen.

Irgendwann fühlen Sie sich dabei wohl und dann kommt die Zeit, wo Sie zu sich selbst sagen, dass habe ich jetzt schon so oft in meinen Gedanken getan, jetzt probiere ich es auch mal in der Realität aus, selbstverständlich nur mit positiven Vorstellungen!

Sie wissen ja, es sind Ihre Gedanken!

Leben ist lernen und SIE haben es selbst in der Hand zu lernen, dass man im Leben auch die Angst loslassen kann.

Wer aufgibt hat verloren, wer nach vorne schaut, kann noch gewinnen!

Aufgeben tut man im Leben nur einen Brief!

Meine Bücher!

Acht weitere meiner Bücher, die ich Ihnen am Ende noch empfehlen und an Ihr Herz legen möchte.

„Schatten im Leben" – von Mikel Marz
erschienen im S.Roderer Verlag, Regensburg – 2008
ISBN 978-3-89783-627-3; auch im Handel erhältlich
Dieses Buch beschreibt die Vielzahl von Depressionen
und die damit verbundenen Suizidgedanken.

„Wenn die Seele zerbricht..." – von Mikel Marz
erschienen im S.Roderer Verlag, Regensburg – 2008
ISBN 978-3-89783-617-4 ; auch im Handel erhältlich
Dieses Buch enthält neben einer wahren und
schockierenden Geschichte, sehr viele Informationen zu
dem Thema Mobbing am Arbeitsplatz, Depression und
die posttraumatische Belastungsstörung

Suizid – Warte, bis Du gehst! – von Mikel Marz
erschienen im S.Roderer Verlag, Regensburg – 2009
ISBN 978-3-89783-658-7; auch im Handel erhältlich
Dieses Buch erzählt, welche Ursachen einen Suizid
auslösen können und warum gerade Depressionen und
Mobbing so gefährlich sind. Informationen und
Ratschläge mit wahren Ereignissen.

Du tust, was ich sage! – von Mikel Marz
erschienen bei Books on Demand - 2009
ISBN 9-783-8391-0903-8, überall im Handel erhältlich
Dieses Buch erzählt die tragische und wahre Geschichte
einer jungen Frau, die in ihrer Ehe unmenschliche und
brutale Gewalt erleben musste.
Gleichzeitig soll es den Menschen Mut machen, die sich
in ähnlicher Lage befinden.
Das Buch über häusliche Gewalt und Missbrauch, womit
auch die Peter Maffay Stiftung mit 1.- EUR pro
verkauftem Exemplar unterstütz wird.

Leben, auch wenn´s weh tut – meine Autobiographie
erschienen bei Books on Demand – 2010
ISBN 978-3-8391-3541-9; überall im Handel erhältlich
Dieses Buch erzählt mein Leben, welches durch
Schmerzen, Trauer, Höhen und Tiefen geprägt wurde und
eines zeigen soll – Ich bin immer wieder aufgestanden!

Burnout – Die Seele schreit! – von Mikel Marz
erschienen bei Books on Demand - 2010
ISBN 978-3-8391-5270-6
Dieses Buch *kann* die Lösung für Ihr Burnout sein und ist
auch als Ebook erhältlich.

Mensch sein, Mensch bleiben, Mensch verstehen! –
von
Mikel Marz und Sindy Pavlov
erschienen bei Books on Demand - 2011
ISBN 978-3-8423-6273-4
Wie Sie Menschen durch Sternzeichen, in Verbindung
mit dem Aszendenten, besser einschätzen können.

Es ist doch d(ein) Leben! – von Mikel Marz
erschienen bei Books on Demand - 2012
ISBN 978-3-8482-0323-9
Das Buch über Ärzte-, aber auch Patientenfehler und wie
man sich selbst besser schützen kann!
Wahrheit kann weh tun! by Mikel Marz

Meine Erfolgsseminare!

„**ERFOLGREICH**" – Miteinander leben und arbeiten!

„**ACTION**" – Das Erfolgsseminar für Führungskräfte und Mitarbeiter, die es werden wollen!

„**ASSURANCE**" – Das Lebensseminar für gesundes Selbstvertrauen!

Spezielle Seminare, die für jeden Menschen sehr viel positive Ergebnisse hinterlassen, privat und beruflich.

Die einzelnen Schwerpunkte, sowie auch weitere individuelle Seminare, finden Sie auf meiner Seite.

Die Seminarteilnehmer werden im einzelnen durch Coaching, Rollenspiele, Fallbeispiele und auch Einzelgespräche dazu gebracht, solch ein Seminar auch nachhaltig auf sich wirken zu lassen, was mir persönlich sehr wichtig ist.

Die Erfahrung hat über die Jahre hinweg deutlich gezeigt, dass dieses Seminar sehr viel bewirkt, denn viele Menschen werden neu zu sich und ihrer Stärke finden. Diese Zwei-Tages-Seminare werden in Deutschland, Österreich und der Schweiz angeboten.

Für Fragen stehe ich Ihnen natürlich gerne zur Verfügung.
Anfragen und Buchungen werden unter MikelMarz@gmx.de gerne entgegen genommen.

Meine ganz spezielle Geschenkidee –
Schenken und Helfen mit Bildern von Mikel Marz

Auf meiner Seite finden Sie Impressionen der Kunst, die alle etwas mit meinen Themen zu tun haben.
Schauen Sie sich dabei in Ruhe um und lassen Sie jedes einzelne Werk auf sich wirken, denn jeder Mensch drückt sich in der Kunst anders aus.

Es werden regelmäßig immer wieder neue Bilder hinzukommen und wenn auch Sie der Meinung sind, Sie möchten endlich einen echten „Marz" an der Wand haben, dann können Sie selbstverständlich auch für jedes Unikat ein ernstgemeintes Gebot per nebenstehende Email abgeben.

Jedes Bild von mir ist mit einem Echtheitszertifikat versehen, welches Ihnen nach der Kaufabwicklung separat zugestellt wird.
Gleichzeitig werden von jedem Erlös 20% an die Peter Maffay Stiftung gespendet und 20% für die Mikel Marz Stiftung zurück gelegt.

www.mikelmarz.de

Copyright©MikelMarz